Der Autor

Kurt Tepperwein, geboren 1932 in Lobenstein, war erfolgreicher Unternehmer, ehe er sich 1973 aus dem Wirtschaftsleben zurückzog. Er wurde Heilpraktiker und Forscher auf dem Gebiet der wahren Ursachen von Krankheit und Leid. Er lehrte an verschiedenen internationalen Institutionen, seit 1997 ist er Dozent an der *Internationalen Akademie der Wissenschaften*. Er gilt als einer der bekanntesten Lebenslehrer Europas.
Kurt Tepperwein ist Autor von mehr als 50 Büchern, Audiotapes und CDs. Wenn er sich nicht auf Vortragsreise befindet, lebt der Autor auf Teneriffa.

Kurt Tepperwein

Leben in der Gegenwart der Engel

Himmlische Kraft und heilende Worte für jede Lebenslage

WILHELM HEYNE VERLAG
MÜNCHEN

Verlagsgruppe Random House FSC-DEU-0100
Das für dieses Buch verwendete
FSC-zertifizierte Papier *Munken Premium Cream*
lieferte Arctic Paper Munkedals AB, Schweden.

Originalausgabe 10/2008

Copyright © 2008 by Wilhelm Heyne Verlag, München,
in der Verlagsgruppe Random House GmbH
Printed in Germany 2008
Redaktion: Dr. Diane Zilliges
Kalligraphien: © Christine Scheurl
Umschlaggestaltung: HildenDesign, München
Umschlagmotive: © Jake Wyman / Getty Images
Herstellung: Helga Schörnig
Gesetzt aus der Sabon Roman OSF
bei C. Schaber Datentechnik, Wels
Druck und Bindung: GGP Media GmbH, Pößneck
ISBN 978-3-453-70099-4

http://www.heyne.de

Inhalt

Einklang in die Welt der Engel ... 7

Engel – die universellen Botschafter für ein
erfülltes Leben ... 7
Praktische Tipps zur Anwendung –
Wie helfen Engel in der Praxis? ... 9
Die Engel-Kalligraphien ... 12
Begrüßungsworte der Engel ... 15

Universelle Botschaften der Engel in dir ... 17

Der Engel der Aufrichtigkeit ... 19
Der Engel des Augenblicks ... 25
Der Engel der Ausdauer und Geduld ... 31
Der Engel des Berufes und der Berufung ... 37
Der Engel der Familie und Gemeinschaft ... 43
Der Engel der Freiheit ... 49
Der Engel der Freude ... 55
Der Engel des Friedens ... 61
Der Engel der Fülle ... 67
Der Engel der Harmonie ... 73
Der Engel der Heilung ... 79
Der Engel der Hingabe und des Loslassens ... 85
Der Engel der Klarheit ... 91
Der Engel der Kommunikation ... 97
Der Engel der Kraft und Stärke ... 103
Der Engel der Kreativität ... 109

Der Engel der Leichtigkeit 115
Der Engel des Lichts 121
Der Engel der Liebe 127
Der Engel des Mutes 133
Der Engel der Natur 139
Der Engel des Neubeginns 145
Der Engel des Segens 151
Der Engel der Selbstermächtigung 157
Der Engel der Stille 163
Der Engel des Trostes 169
Der Engel der Weisheit 175
Der Engel der Wunder 181

Die Dankesbotschaft der Engel 187

Ausklang – Engel, die Freunde Ihres Lebens 189

Einklang in die Welt der Engel

*Engel – die universellen Botschafter
für ein erfülltes Leben*

Sehr herzlich begrüße ich Sie zu einer Reise in die segensreiche Welt der Engel. Ich erfahre die Ebene der Engelwesen in der Einheit des allumfassenden einen Seins als einen mehrdimensionalen Aspekt des schöpferischen Ausdrucks dieses Universums. Dieses Buch kann Ihnen dabei helfen, diese höher schwingende Form der Lebensenergie als einen authentischen Teil Ihres eigenen, allumfassenden Bewusst-Seins wiederzuentdecken und in Ihr Leben zu integrieren: zu Ihrem eigenen höchsten Wohl und zum Wohle aller Lebewesen!

Viele Menschen sind wieder mit Engeln vertraut. Zeigte sich noch vor einigen Jahren auf die Frage nach Engeln ein erstaunt fragender Blick in den Augen der Befragten, so hat sich im Hinblick auf dieses Thema ein deutlicher Wandel vollzogen.

Mehr denn je nehmen wir Verbindung zu den Wesen des Himmels auf, kommunizieren, stellen Fragen und erhalten hilfreiche Antworten für unser Leben. Wir spüren sie, sehen oder hören sie, nehmen sie in ihrem Heilsein, ihrer Allweisheit und Omnipräsenz auf unsere ganz individuelle Art und Weise wahr. Engel sind nicht mehr nur Übermittler der verschiedensten spirituellen Traditionen – ob Bestandteil der christlichen Bibel, des islamischen Koran oder japanischer

Sutren – nein, sie sind mittlerweile »allseits erfahr- und erkennbar« im Jetzt, im alltäglichen Leben.

Manch einer mag sich die Frage stellen: »Sind Engel personifizierte Energien, die in der Beschreibung über das Begriffliche hinausgehen, die von unserem Verstand nicht mehr wahrgenommen werden oder entsprechen sie gar einem Teil unseres Selbst, unserer Ich-Bin-Gegenwart, unserer Einen Kraft?«

Betrachten wir einmal die Energie eines Engels im Außen, als fremde Entität, getrennt von uns. Unabhängig davon, welche Art der Wahrnehmung uns zu Eigen ist, eine Engels-Botschaft wird einen Teil der Seele berühren, scheinbar Unbekanntes erahnen lassen, etwas Altes, Vertrautes, noch unaussprechbar ... und doch werden sich langsam Worte, Begriffe oder auch Gefühle formen, die immer klarer und deutlicher ins Bewusstsein treten. Lassen wir uns auf diesen Prozess, auf dieses Geschehen ein, führen uns Engel mehr und mehr zu uns selbst. Botschaften im Außen werden zu Botschaften im Innen. Die Frage wird zur Antwort, die Hilfesuche zur Heilung, die Unvollkommenheit zur Vollkommenheit. Letztendlich endet jede Frage, jede Suche in der Erkenntnis, dass nur das Eine existiert, das als die Vielen in Erscheinung tritt.

Ein Weiser sagte einmal, Engel wären vielleicht etwas völlig anderes, als wir uns vorstellten. Anstatt Wesen anzurufen, könnten wir uns an das Engelhafte in uns wenden, denn dort kämen wir mit der allgegenwärtigen, heiligen Quelle in Kontakt.

Das Engelhafte in der eigenen Seele entdecken und entfalten, das ist die Meisterung des Lebens. Ein Meister seines Lebens ist sich vollends im Klaren, dass alle Qualitäten, die er im Außen sucht, bereits in ihm vorhanden sind. Diese Energiefelder können wiederentdeckt und angewendet werden – erforscht, im Alltag umgesetzt, ins Leben, ins Bewusstsein integriert.

Der freundschaftliche und liebevolle Umgang mit Engeln verlangt Vertrauen, Zulassen und Geschehenlassen. Die Bereitschaft, sich nicht auf vorgefertigte Konzepte zu beziehen, sondern die energetische Botschaft wahrzunehmen, einzuatmen, aufzunehmen mit allen vorhandenen Sinnen, in ihrer Einfachheit, Schönheit und unbeschreiblichen Komplexität zugleich. Zahlreiche Informationen aus den geistigen Ebenen übermitteln die immer wiederkehrende, allumfassende Wahrheit, dass nichts mehr erreicht werden muss, alles bereits Teil des Menschseins ist und nur noch entdeckt und entfaltet werden kann. So werden wir vom Suchenden zum Findenden und genießen ein erfülltes Leben.

Praktische Tipps zur Anwendung – Wie helfen Engel in der Praxis?

Dieses Buch ist dazu gedacht, Sie als täglicher Freund und Impulsgeber zu begleiten. Haben Sie eine Frage zu einem wichtigen Lebensthema, benötigen Sie Hilfe und Unterstützung oder wollen Sie nur das Energiefeld der Worte wahrnehmen? Schlagen Sie das Buch intuitiv auf einer beliebigen Seite auf. Die Antwort des jeweiligen Engels wird Ihnen auf eine nur für Sie erfahrbare Weise weiterhelfen.

Vielleicht wollen Sie auch bewusst Kontakt zu Ihrem engelhaften Sein aufnehmen? Dazu können diese Texte eine wichtige »Starthilfe« geben, indem Sie, während Sie die Engelworte

lesen, gleichzeitig nach innen horchen, fühlen und sehen ...,
dann das Buch zur Seite legen, ruhig und entspannt geschehen lassen und wahrnehmen, was folgt.

Die entsprechenden Engel-Kalligraphien symbolisieren die starke Kraft der Himmelsbotschaften und laden Sie freudvoll zu einer kontemplativen Betrachtung ein.

Natürlich ist der bewusste Kontakt zu Engeln jederzeit ohne Hilfsmittel möglich. Lassen Sie einfach Ihre Absicht dazu wirken. Manchmal gibt es jedoch Momente, in denen eine Motivation von außen wie eine kleine Brücke als Verbindung wirkt.

Auch ganz einfache Engel-Rituale erleichtern und unterstützen die Verbindung zu den göttlichen Kräften des Seins. Nehmen Sie sich Zeit und erschaffen Sie einen Raum der Stille, einen Ort, an dem Sie sich rundum wohl fühlen. Vermeiden beziehungsweise reduzieren Sie die wichtigsten Störquellen. Stecken Sie das Telefon aus und informieren Sie Ihre Familie, dass Sie jetzt Zeit nur für sich benötigen. Vielleicht zünden Sie eine Kerze an, zur Erinnerung an das allumfassende Licht in Ihnen. Vielleicht beduften Sie den Raum mit einem wohltuenden, ätherischen Öl oder stellen das Bild einer wunderschönen Blume oder eines Baumes auf, das Ihnen die segensreichen Kräfte der Natur und der Schöpfung nahe bringt. Wenn es Ihnen guttut, hören Sie im Hintergrund sanfte, harmonische Musik, die den Geist beruhigt und den Körper wohlig entspannen lässt.

Um die Energie eines Engels bereits im Vorfeld aufzunehmen, können Sie ein Glas reinen Quellwassers auf eine Sie ansprechende Engel-Kalligraphie stellen. Wasser speichert Informationen auf hervorragende Weise. Sie nehmen bereits durch das Trinken dieses Wassers die Energie des jeweiligen

Engels auf. Ein kurzes Dankesgebet oder auch einige bewusst gesprochen, segensreiche Worte verstärken noch die Wirkung Ihres Getränks.

Die Imaginationsübungen zeigen ganz alltägliche Geschichten, in denen Sie erfahren, wie der jeweilige Engel und dessen heilende Energie im Leben umgesetzt werden können. Die Alltagsgeschichten können Ihnen völlig fremd sein oder aber auch Erinnerungen wachrufen. Ganz gleich, was geschieht, immer werden Sie Anregungen und kreative Ideen für Ihren persönlichen Umgang mit den Engelsenergien darin finden.

Auch die Engel-Meditationen können Ihnen wegweisende Erfahrungen bringen. Lesen Sie langsam, Satz für Satz, schließen Sie dabei immer wieder die Augen und spüren Sie die Wirkung in Ihrem Körper. Achten Sie dabei auf Gefühle, die aufsteigen, auf Ihre Gedanken und auf Bilder und Farben, die sich vielleicht einstellen. Versuchen Sie nicht, diese zu interpretieren, sondern lassen Sie einfach geschehen.

Durch die Engel kommen Sie in Berührung mit Ihrem eigenen, allgegenwärtigen Sein. Je mehr Sie Ihre energetische Signatur (das eigene Energiefeld) verfeinern, umso tief greifender können die Botschaften für Sie sein.

Wie unterstützen Sie nun Ihr Energiefeld auf positive Weise? Dies geschieht sehr einfach über Ihren Atem. Denken Sie an aufbauende Eigenschaften wie Liebe, Freundlichkeit, Harmonie, Sympathie und so weiter. Suchen Sie sich ein Attribut aus, das Sie in diesem Augenblick anspricht, und atmen Sie mit jedem Atemzug dieses Wort entspannt und gleichzeitig konzentriert in Ihren Körper und in Ihre Aura ein. Beim Ausatmen lassen Sie alle Verspannungen los. Führen Sie diese Art der Atmung solange durch, wie Sie sich wohl dabei fühlen. Sie werden nach kurzer Zeit eine Veränderung Ihrer energetischen Signatur wahrnehmen. Sie selbst fühlen sich dann »anders« an – in positivem Sinne. Mit Hilfe kinesiologischer Tests lassen sich beispielsweise diese veränderten Bewusstseinsfelder nachweisen und bestätigen. Wenn Sie Lust und Freude haben, führen Sie doch diese kleine Übung immer durch, bevor Sie das Buch zur Hand nehmen. Sie werden einen entscheidenden Unterschied wahrnehmen können, wenn Sie sich dann den einzelnen Engeln zuwenden.

Ob nun ein kleiner Denkanstoß, eine »Aha«-Botschaft oder die spontane Anwendung der Meditationen, nehmen Sie sich Zeit und Ruhe, die Worte mit all Ihren Sinnen zu erfassen. Lassen Sie die Informationen der Engel auf sich wirken, aus Ihrer Herzensmitte, Ihrem Zentrum heraus. Und denken Sie daran, die Botschaften sind ein Teil von Ihnen, wie Sie selbst ein Teil des Ganzen sind. Beginnen Sie, wenn Sie bereit sind, von ganzem Herzen die faszinierende Reise mit den Engeln – in ein immer stärker sinnerfülltes Leben.

Die Engel-Kalligraphien

Die Kunst der Kalligraphie, also der handschriftlichen Schönschrift mit Stift oder Pinsel und Tusche hat eine lange Tradition, vor allem bei der Abschrift religiöser und heiliger Texte. Kalligraphien sind von einer sakralen Aura umgeben und haben meist einen sehr meditativen oder kontemplativen Charakter. Die Engel-Kalligraphien, die in diesem Buch als Illustrationen dienen, orientieren sich hauptsächlich am Stil japanischer oder chinesischer Tusche-Kalligraphien, wie sie oft im Zen anzutreffen sind. Dabei geht es weniger um die Leserlichkeit des Textes als vielmehr darum, dem Symbol oder Schriftzeichen durch einen spontanen, intuitiven Schreibstil möglichst viel Ausdruckskraft, Lebensenergie und Gefühl einzuverleiben. Das Ziel dabei ist, dass die Kalligraphie zu einem materiellen Ausdruck einer geistigen, spirituellen Idee oder Energie wird.

Aus diesem Grund werden die meisten Zen-Tempel in Japan mit Tusche-Kalligraphien aus Meisterhand geschmückt, um dem Raum eine spezielle energetische Prägung zu verleihen. Die chinesische Lehre von der Harmonisierung der Lebensräume, Feng Shui, hat die asiatische Kalligraphie auch in den westlichen Ländern sehr bekannt und beliebt gemacht. Kalligraphieren wird hierbei als Meditation im Tun betrachtet. Und dies beginnt bereits bei der Zubereitung der Tusche, die traditionell von Hand auf einem Tuschestein zerrieben und mit Wasser verrührt wird. Geschrieben wird auf hochwertigem, handgeschöpftem Papier, das meistens diverse Fasern und Einschlüsse aufweist.

Kalligraphie verbindet auf ästhetische Weise Ursprünglichkeit und Perfektion. Das Symbol oder Schriftzeichen wird mit einem Atemzug in einer energiereichen Geste auf das Papier gebannt – danach werden keine weiteren Veränderungen oder Verbesserungen mehr vorgenommen. Es ist und bleibt ein unmittelbarer Ausdruck der energetischen Signatur dieses Augenblicks. Daher wird klar, dass die seelisch-geistige Verfassung des Menschen und seine spirituelle Energie voll und ganz in die Kalligraphie einfließen. Der Kalligraphierende selbst wird vollständig eins mit der Tusche, dem Pinsel, dem Papier und der Energie, die zum Ausdruck gebracht wird.

In diesem Verständnis und Bewusstsein wurden auch die Engel-Kalligraphien dieses Buches kreiert. Aus der spirituell-seelischen Einstimmung auf die jeweilige Engelsenergie wurde auf meditative Weise die passende Kalligraphie auf dem Papier manifestiert. So dienen die Engel-Kalligraphien zum einem der künstlerisch-ästhetischen Illustration dieses Buches, sie können aber darüber hinaus eine Pforte zur direkten und sinnlichen Wahrnehmung der Engels-Energien öffnen. Sie können genutzt werden, um reines intellektuelles Verstehen und Begreifen zu transzendieren und in den Engel-Meditationen in eine Ebene der reinen Wahrnehmung einzutauchen, in der sich dem aufnahmebereiten Geist alles offenbart und erschließt.

Nutzen Sie die Engel-Kalligraphien spielerisch und intuitiv, zum Beispiel für eine Bildermeditation, und wiederholen Sie dabei die zugehörigen Affirmationen in Ihrem Bewusstsein wie ein Mantra. Bleiben Sie aufmerksam und offen, lassen Sie sich ganz auf diesen Moment ein. Kein Augenblick gleicht dem anderen. Sie werden bestimmt Ihre ganz persönliche und individuelle Erfahrung mit der Engel-Energie erleben können!

Die Engel berühren als universeller Aspekt Gottes die Herzen der Menschen auf liebevolle und sehr persönliche Weise. Aus diesem Grund benutzen »wir« – als Seelenweisheit der Menschheit, all-eins mit dem Kollektiv der Engel – im Folgenden das »Du« in der Anrede, um die klärenden Worte in der Tiefe jeder Seele segensreich wirksam werden zu lassen.

Begrüßungsworte der Engel

Von ganzem Herzen heißen wir dich willkommen. Wir freuen uns sehr, dass du dich auf die scheinbar unsichtbare Welt der liebenden und helfenden Engel eingelassen hast. Wir existieren in Form von freier Energie, die du aus dem Zentrum deines Herzens wahrnehmen und mit den Augen des absichtslosen Beobachters sehen kannst. Wir sind mit deinem Herzen sehr vertraut, weniger mit deinem Verstand. Aus dem Ursprung der allumfassenden Quelle sind wir ein Teil des Ganzen und die Energie eines Engels ist ein Wesensanteil deines großartigen Seins. Sie spricht nicht von »ich und du«, sondern von der »heilenden und klärenden Engelsenergie in dir«.

Mach dich weit und öffne dich für die weisen Worte deines Selbst. Höre und lies nicht nur mit deinem Verstand, du würdest nur einen begrenzten Teil erfassen. Nimm dir Zeit, lass die Botschaften tief in dich hinein sinken und fülle damit deinen Körper, deine Seele, deinen Geist und deinen gesamten Raum auf. Erfreue dich der Erkenntnisse, die daraus erwachsen, und spüre den engelsgleichen Humor und die mitreißende Leichtigkeit auf deinem Lebensweg. Wie ein Schauspieler eine momentan gewählte Rolle absolviert, spielst du dein Spiel. Sobald du genug Erfahrungen damit gemacht hast, ändere deinen Part und wähle einen neuen.

Wir laden dich nun herzlich zu gemeinsamen, segensreichen Erfahrungen im Hier und Jetzt ein. Mögest du dir immer gewahr sein, dass es keinen Weg gibt. Du bist bereits dort angekommen, wohin du vorhast zu gehen.

*Universelle Botschaften
der Engel in dir*

Der Engel der Aufrichtigkeit

Ich richte mich auf, zu dem, der ICH BIN.
Ich stehe aufrecht in und zu meinem Leben.
Ich bin ehrlich und aufrichtig zu mir und meinen
  Mitmenschen.

Meine Anwesenheit in dir hilft dir, dich auf sanfte und liebevolle Weise »aufzurichten«. So wirst du zu dem, was du als wahres, immerwährendes Sein bist. In deiner vollen Größe begegnest du dir und deinen Mitmenschen in Klarheit und vollkommener Ehrlichkeit. In deiner wahrhaftigen Größe macht dich ein scheinbares Versagen, ein Fehler oder eine Unachtsamkeit keineswegs kleiner. Existiert dein wahres Sein weiterhin in deinem bewussten Verstehen, so bist du in der Lage, aufrichtig zu erklären: »Ja, mir ist dieser Fehler unterlaufen – ich übernehme die Verantwortung dafür.« Schuldgefühle haben in dieser konstruktiven Vorgehensweise keinen Platz, selbst wenn dir dies von deinen Mitmenschen vermittelt werden sollte. Du darfst ein Mensch mit Fehlern sein, der aus scheinbar unangenehmen Vorfällen viele Lernerfahrungen ziehen kann und durch das Spiel des Lebens auf ein Feld mit verschiedenen Lösungsmöglichkeiten geführt wird. Gleichzeitig bist und bleibst du eingebettet in die große, allzeit existierende und alles liebende Eine Kraft. Durch Ehrlichkeit und Aufrichtigkeit bringst du deine wahre Existenz zum Ausdruck. Du übernimmst in natürlicher Anmut die volle Verantwortung für dein Denken, Reden und Handeln. Denke klar, sprich aufrichtig und handle weise. Versuche, hinter allen Situationen die übergeordnete, große Weisheit zu erfassen. Manchmal bedarf es einer längeren Zeitspanne, verbunden mit Gelassenheit und Geduld, bis das Eingewoben-Sein in den Plan der liebenden und gnadenvollen ICH-BIN-Gegenwart zu erkennen ist. In jedem Augenblick atme tief und sanft in deinen Bauch, in deine wahre Herzens-Essenz und handle aufrecht und ehrlich aus deiner liebe- und kraftvollen, in dir ruhenden Quelle heraus.

Engel-Meditation

Der göttliche Atem strömt absichtslos in mein Sein.
Allumfassendes Gewahrsein breitet sich in mir aus.
Jede einzelne Zelle pulsiert und erstrahlt im Licht
    des Einen.
Ich richte mich auf, zu dem, der ich bin.

Ich weiß, wer ich bin.
Ich bin Liebe und Leere – bin alles und nichts.
In diesem all-existierenden, liebenden Sein
bin ich der, der ich bin.

Ich bin die liebende Kraft,
bin die heilende Demut.
Ich bin die Weisheit des Lichts.
ICH BIN.

ALLTAG MIT DEM ENGEL
DER AUFRICHTIGKEIT

Imaginationsübung: Eine mögliche Realität

Stell dir vor, du hast vor drei Monaten ein Geschäft eröffnet. Voller Enthusiasmus liefen deine Vorbereitungen. Die Gewerbeanmeldung und alle rechtlichen Schritte erledigten sich wie von allein und du bist voller Zuversicht. Ja, diese Arbeit wird richtig Freude machen, sie ist dein Leben. Du hast dir ein florierendes Geschäft manifestiert, die schönen Räumlichkeiten und die edle Einrichtung sind bereits Realität geworden. Nur die Kunden lassen noch auf sich warten. Du nimmst dir Zeit für dich, um die Ursache zu ergründen, und bittest um die Unterstützung der Engel. Du richtest deinen Geist auf die Lösung aus und schlägst mit geschlossenen Augen eine beliebige Seite des Engel-Ratgebers auf. Siehe da, der Engel der Aufrichtigkeit offenbart dir die Antworten auf deine Fragen.

Dir bieten sich folgende Hilfsmöglichkeiten an: Du liest die dazu gehörigen Texte, nimmst dir Zeit für die Engel-Mediation und kontempliert über die Kalligraphie. Aufrichtig überprüfst du nun deine Manifestation und deine Glaubenssätze. Ganz frei und ohne Druck taucht deine individuelle Lösung auf. Ein Glaubenssatz kann zum Beispiel lauten: »Viele fremde Menschen beschmutzen die teure Einrichtung und verschlechtern das Energiefeld in den Geschäftsräumen.« Oder: »Ich bin es nicht wert, Erfolg zu haben.« Gefahr erkannt, Gefahr gebannt. Ehrlich übernimmst du die Verantwortung für dein Denken, dankst deinem individuellen Glaubenssatz für die bisherige Erfahrung und verabschiedest dich von ihm. Du weißt, dass diese Erfahrung nicht mehr notwendig ist. Mit großer Freude siehst du innerlich viele Kunden in deinem Laden aus- und eingehen. Du umarmst dich liebevoll für deine Aufrichtigkeit dir selbst gegenüber, denn dadurch konntest du einen Stein auf deinem Weg zum geschäftlichen Erfolg beseitigen und einen weiteren Schritt ins Bewusstsein gehen. Ein großer Dank gebührt auch dem Engel in dir. So oft es dir möglich ist, versuchst du nun, dem Thema Aufrichtigkeit mehr Beachtung zu schenken und es bewusster in deinen Alltag mit einzubinden.

Einige Tage später triffst du einen Bekannten in der Stadt, einen erfolgreichen Geschäftsmann, der in einer ähnlichen Branche tätig ist. Sofort fragt er dich nach deinem Wohlergehen. Ohne eine Antwort abzuwarten, fügt er in mitleidigem Ton hinzu: »Ich habe von deiner Geschäftseröffnung gehört. Herzlichen Glückwunsch. Meine Bekannte, Frau X, erzählte mir jedoch, dein Geschäft sei wenig besucht. Ist das wahr?« Blitzschnell kommt dir der Engel der Aufrichtigkeit in den Sinn. Du stehst aufrecht, in deiner Mitte ruhend und erwiderst freudig: »Ja, das ist wahr. Die Kunden lassen sich noch ein wenig Zeit. Kannst du dir vorstellen, wie sehr ich mich freue, dass sie bald den Weg zu mir finden? Ich sehe bereits, wie sie sich gegenseitig die Türklinke reichen.« Mit ehrlichen Augen blickst du dein Gegenüber an. Deine Antwort verschlägt ihm die Sprache, hatte er doch mit Jammern und Klagen gerechnet. Doch durch deine Offenheit und deine positive Lebenseinstellung entwickelt sich ein aufbauendes Gespräch. In einem inneren Dialog dankst du dir für deine Ehrlichkeit, deine Standfestigkeit und dein Ruhen im Zentrum deines Seins. Du erkennst, dass aufrichtig zu leben richtig Spaß macht, erstaunliche Reaktionen bei deinen Mitmenschen hervorruft und zu anerkennendem Respekt und gegenseitiger Achtung führt.

Der Engel des Augenblicks

Ich atme jetzt in den göttlichen Augenblick.
Ich bin vollkommen präsent im Hier und Jetzt.
Jetzt ist die Kraft der stetigen Wandlung.

Heute möchte dich der Engel des Augenblicks berühren und dich an etwas vielleicht Vergessenes erinnern. Erinnern an den Moment des Jetzt. Was und wo ist das Jetzt?

Jeder aufkeimende Gedanke gehört bereits Vergangenem an, sobald er dir bewusst wird. Selbst deine Gedanken an die Zukunft sind gespeist von den Erfahrungen deiner Vergangenheit. Der winzige Augenblick zwischen Vergangenheit und Zukunft, der Bruchteil eines Atemzuges – das ist Jetzt. Der ewige Moment, der der Zeit nicht unterworfen ist. Der Moment, der sich immer wieder neu formt, aus dem, was existierte, und aus dem, was in Erscheinung treten wird. Zeitlos, endlos, jetzt. Hier findest du den Odem des All-Einen, der dich absichtslos durchdringt und dessen wunderbarer Teil du bist.

Wie kann die Erfahrung des allgegenwärtigen Augenblicks alltäglicher Bestandteil deines Lebens sein? Der Schlüssel liegt in der reinen Beobachtung. Beobachte das, was im Moment geschieht, mit all deinen Sinnen, ganz leicht und fließend. Es ist keine Anstrengung nötig. Reines Beobachten. Kein Bewerten, kein Kommentieren. Tauchen dennoch Gedanken auf, verdränge sie nicht. Akzeptiere sie liebevoll und beobachte auch diese. Je mehr du sie beobachtest, umso mehr breitet sich die Stille in deinem Geist aus. Die Stille der zeitlosen Unendlichkeit im beobachtenden Sein. Im Jetzt ist der Augenblick, in dem alle notwendigen Antworten scheinbar mühelos an die Oberfläche kommen und in der Realität Formen annehmen. Ganz einfach vollzieht sich im Nichts-Tun das Tun. Nur im Jetzt sind Veränderungen möglich, weder gestern noch morgen. Das Leben schwingt im taktlosen Rhythmus des göttlichen Seins. Mühelos, einfach, leicht. Bist du bereit? Ohne Wollen und Absicht den Augenblick leben – jetzt.

Engel-Meditation

Ich atme achtsam ein und atme achtsam aus,
immer wieder neu erfahre ich den jetzigen Augenblick.
Durch Beobachten meines Atems nähere ich mich
  dem Jetzt
und betrete den Raum, der weder gestern noch morgen
  war.

Leere, Stille ... Jetzt.
Kein Wollen, keine Absicht ... Jetzt.
Gedankenlos, alles und nichts ... Jetzt.
Einfach sein ... Jetzt.

ICH BIN

ALLTAG MIT DEM ENGEL DES AUGENBLICKS

Imaginationsübung: Eine mögliche Realität

Stell dir vor, du hast dich auf eine lange Bergwanderung begeben und ganz bewusst den Engel des Augenblicks dazu eingeladen. Strahlender Sonnenschein und das lustige Zwitschern der Vögel sind deine Begleiter. Ganz bewusst setzt du, ruhig ein- und ausatmend, einen Fuß vor den anderen. Anfangs schieben sich immer wieder Gedanken in den Vordergrund, die beachtet werden möchten. Du nimmst sie kurz wahr und lässt sie mit Gelassenheit und Leichtigkeit weiterziehen, wie die frei schwebenden Wolken im Wind. Dein Ziel, der Berggipfel, liegt klar vor deinen Augen, dennoch lässt du dich vollkommen auf den jetzigen Augenblick ein. Schritt für Schritt, Schritt für Schritt. Du hörst die wunderschönen, unterschiedlichen Vogelstimmen sowie das Summen der Bienen und der übrigen Insekten. Ihre Verschiedenheit vereint sich zu einem harmonischen Konzert in deinen Ohren. Du kannst dich kaum satt sehen an der bunten Flora, den vielen Variationen an grüner Farbe, dem Hellgrün der Farne, dem Blaugrün der Tannen, dem Moosgrün der Flechten am Boden ... Du riechst den würzigen Duft des Waldes, der sich mit der Süße manch seltener Blume vermischt. Deine Hand streicht über einige menschengroße Steine, die seit ewigen Zeiten am Wegrand liegen. Sie fühlen sich mal abgerundet und glatt an, dann wieder rau, an die Wildheit der Natur erinnernd. All deine Sinne sind hellwach und erfahren den gegenwärtigen Augenblick immer wieder neu. Hinter allem Wahrgenommenen öffnet sich langsam ein Wissen, ein Gewahrsein in dir um die Größe, die Erhabenheit und die Heiligkeit in allen Dingen. Im Menschsein, ja in allem, was existiert.

Dein Weg führt an einem rauschenden Wildbach vorbei. Ein großer, flacher Stein am Ufer des Baches lädt dich zum Verweilen und Meditieren ein. Als reine Beobachter versenken sich deine Augen im schnell fließenden Wasser und wollen automatisch einen Punkt des Wasserstrahles festhalten, ihn fixieren. Doch das Wasser lehrt dich das Sein im gegenwärtigen Augenblick. Kein Wassertropfen hält an dem Standort fest, an dem er sich gerade befindet. Jeder einzelne fügt sich in das große Ganze ein und fließt mühelos weiter auf der Reise seiner Existenz.

Achtsam erhebst du dich langsam aus der erkenntnisreichen Versenkung, reckst deine Glieder und folgst frisch und ausgeruht weiter dem Bergpfad zum Gipfel. Am Ziel angekommen, meldet sich sogleich der Hunger. Die mitgebrachten Brote und das Gemüse schmecken so gut wie nie zuvor. Du kaust intensiv und die Wegzehrung wird zu einem nie gekannten Genuss. Das abgefüllte Quellwasser sprudelt klar und rein in der Kehle und erquickt und erfrischt deinen Körper. Der Blick ins tiefe Tal und in die Weite des Horizonts gibt dir einen kleinen Einblick in die Unendlichkeit der Existenz. Nach langer Zeit der Stille dringen ferne Stimmen an dein Ohr. Eine Familie mit Kindern erreicht voller Freude den Gipfel. Die Kinder stärken sich kurz an ihren Broten und erkunden dann sogleich ihre Umgebung. Sie sammeln Tannenzapfen, Reisig, Moose, Steine und Rinden und machen sich mit Eifer ans Werk. Ein Wurzelhäuschen entsteht. Die tiefe Versunkenheit der Kinder in ihr Spiel, in den momentanen Augenblick gibt dir wiederum ein großartiges Lehrbeispiel. Sehr glücklich über die kleinen und großen Erfahrungen machst du dich auf den Nachhauseweg. Tief in dir hat sich eine Gewissheit geformt: Du bist jederzeit vollkommen präsent zur rechten Zeit und am rechten Ort.

Der Engel
der Ausdauer und Geduld

Ich bin Ausdruck der ewigen, universellen Rhythmen.
Ich ernte meine Samen stets zum bestmöglichen
Zeitpunkt.
Alles geschieht zur rechten Zeit.

Der Engel der Ausdauer grüßt liebevoll aus deinem Herzen: Aus-Dauer ... was ist von Dauer? Dein Warten? Deine Geduld? Deine Zeit?

Alles hat seine bestimmte Zeit. Die Zeit des Säens, die Zeit des Wachstums und der Reife sowie die Zeit der Ernte. Diese all-ewige Dynamik findest du seit Anbeginn des Lebens in allen Ausdrucksformen des Seins. Wie beispielsweise eine Sonnenblume. Ihr Same ruht in der Erde. Er trägt die gesamte Information dessen in sich, was er ist und was er jemals sein wird. Die vollendete Version erstrahlt in ihm und dennoch erfüllt er sein gegenwärtiges Sein als Same. Die Keimblätter entfalten sich zu gegebener Zeit, weder zu früh noch zu spät. Langsam und doch unaufhaltsam wächst die Pflanze der Sonne entgegen, in Einklang mit den Tag- und Nachtrhythmen, den Jahreszeiten und dem Kosmos. Bis aus kräftigen Knospen wunderschöne Blüten gedeihen. Ob Same, Knospe oder Blüte – jede einzelne Phase des Wachstums ist harmonisch in die Gesetze des Universums eingebunden und spiegelt in dessen Rhythmus die Herrlichkeit des All-Einen wider.

Wie die Pflanzen entwickelst auch du dich in deinem dir eigenen Takt. Hadere nicht mit dir, wenn du glaubst, einen Schritt weiter sein zu wollen. Auch in dir ist dein vollkommenes Sein bereits enthalten. Du musst nichts mehr werden, denn du bist bereits. Verändere deinen Blickwinkel und nimm deine »all-einige« Wirklichkeit an. Mit dem Fokus auf deiner Vollkommenheit nimmst du deinen Atem, das Pulsieren deines Herzens, deine derzeitige Lebensphase in Harmonie mit der göttlichen Ordnung wahr. Die Natur deiner Seele führt dich mit Ausdauer und Geduld deinen Pfad entlang. Sei fortwährend begleitet und gesegnet in deinem wahren Sein.

Engel-Meditation

Ich bin im Inneren einer wunderschönen Knospe.
Ich sehe mich um und nehme meine Umgebung wahr.
Farbige, samtige Blütenblätter hüllen mich in wärmende Geborgenheit.
Feine Duftnuancen berühren sanft meine Nase und verbinden sich lautlos mit meinem Atem.

Ein weiß-goldener Lichtstrahl streichelt meine Wange.
Ein Bote baldiger Veränderung durchstreift meine Welt und dennoch:
Ruhig und gelassen, mit kindlicher Vorfreude wandere ich durch die Zeit der Blütenknospe.
Mit liebendem Herzen erfahre ich ihr beschützendes Reich im gegenwärtigen Sein.

Jeden Tag enthüllt die Knospe mehr und mehr ihr Kleid.
Glitzernde Lichtstrahlen verkünden fortschreitende Wandlung in meinem Leben.
Vertrauensvoll und mit großer Freude verlasse ich die schützende Knospe
und wandere dem strahlenden Sonnenlicht entgegen.

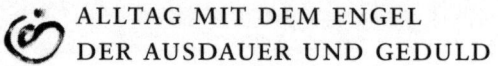 ## ALLTAG MIT DEM ENGEL
DER AUSDAUER UND GEDULD

Imaginationsübung: Eine mögliche Realität

Stell dir vor, du bist Mutter von drei lieben Kindern. Dein Mann befindet sich regelmäßig auf Geschäftsreisen und im Moment bleibt wenig Zeit und Raum für dich. Der Tag müsste 48 Stunden haben, um alle anstehenden Dinge zu erledigen. Frühstück zubereiten, Pausenbrote streichen, Kinder in die Schule bringen, den Hund Gassi führen, das Mittagessen kochen und noch tausend Dinge mehr. Ständig warten Anforderungen auf dich, die einer Lösung bedürfen. Der Engel der Ausdauer und Geduld begleitet dich an diesen Tagen. Nachmittags, die Hausaufgaben sind bereits erledigt, bestürmen dich die Kinder: »Mama, Mama, komm, fahren wir in den Wald und sammeln bunte Herbstblätter. Komm, das machen wir jetzt sofort, bitte ...« Du horchst in dich hinein und hörst auf deine innere Stimme, die dir unbedingt Ruhe verordnet. Ruhig sprichst du zu deinen Kindern: »Ich hatte heute eine Unmenge zu erledigen ...« – »Mama, bitte«, wirst du unterbrochen, »wir fahren jetzt sofort. Ich will bunte Blätter sammeln, bitte, bitte, bitte ...« Geduldig und mit fester Stimme erläuterst du nochmals deinen Standpunkt: »Ich bin sehr müde und fühle mich erschöpft. Damit ich fit für unseren Ausflug bin, brauche ich eine halbe Stunde Schlaf. Mir tut es richtig gut, wenn währenddessen in unserer Wohnung Ruhe herrscht. Wollt ihr bitte eine halbe Stunde leise sein? Wollt ihr das für mich tun?« – »Mama, das versprechen wir – und danach fahren wir ganz sicher?« – »Versprochen – danach fühle ich mich wieder pudelwohl und wir fahren in den Wald.« In deiner Mitte ruhend gelingt es dir sehr leicht, die Authentizität in der Erziehung deiner Kinder aufrechtzuerhalten. Sobald du Geduld und Authentizität lebst, wachsen die gegenseitige Achtung in deiner Familie und die spielerische Freude am Miteinander.

Abends liegen die Kinder bereits im Bett und warten auf ihre Gute-Nacht-Geschichte: »Ein alter Mann steht Tag für Tag an einem langen Strand und wirft die gestrandeten Seesterne wieder zurück ins Meer. Bleiben sie am Strand liegen, werden sie sterben. Ein Junge hatte den alten Mann eine Weile beobachtet. Nach einiger Zeit kann er sich nicht mehr zurückhalten, er läuft zu dem Alten und spricht noch ganz außer Atem: ›Warum wirfst du denn die Seesterne zurück ins Meer? Schau dich doch um. Da liegen noch Tausende am Strand – viele werden sterben. Was macht das für einen Unterschied, ob du ihnen hilfst oder nicht?‹ Der alte Mann war in seinem Tun fortgefahren. Wiederum nahm er geduldig einen Seestern in seine Hände, zeigte lächelnd auf ihn und sprach mit ruhiger Stimme: ›Für diesen macht es einen Unterschied‹ – und er warf ihn zurück ins Meer.«

Ausdauer und Geduld mag für viele Menschen anstrengend sein. In Wahrheit jedoch sind diese Eigenschaften tugendhaft und geprägt von der weisen Erkenntnis, dass alles seine eigene Zeit und seinen individuellen Rhythmus hat. Jedes noch so unbedeutende Ereignis geschieht genau dann, wenn die Zeit »reif« ist. Diese Weisheit wird im Laufe deiner Erfahrungen immer mehr zu deiner gelebten Wirklichkeit.

Der Engel
des Berufes und der Berufung

Ich bin ein essentieller Teil der Schöpfung.
Ich erkenne mit dankbarem Herzen mein großartiges
   Potenzial.
Ich schöpfe aus den überquellenden Brunnen Gottes.

Ein jeder ist ein Teil der wunderbaren Schöpfung. Ein Berg benötigt jeden einzelnen Felsen, den winzigsten Stein, um in seiner erhabenen Größe zu existieren. Viele bunte Blumen weben den ausladenden Teppich einer lebendigen Frühlingswiese und unzählige Wassertropfen erfüllen ihre ihnen innewohnende Aufgabe, um sich in der Weite des Meeres zu erfahren. Alle Menschen haben – ein jeder ganz individuell – ein großes schöpferisches Potenzial, das die Vollkommenheit der Schöpfung zum Ausdruck bringt.

So bist auch du berufen, in dich hineinzuhorchen. Welche Gaben hast du mitgebracht? Achte auf all deine Fähigkeiten, die dir in der Ausführung große Freude bereiten. Eventuell erscheinen sie dir als so selbstverständlich, dass du ihren Wert nicht wahrnehmen kannst. Organisierst du gerne, sind Kommunikation und Schreiben deine Stärke, oder kannst du gut zuhören, mit viel Ruhe und Geduld? Was immer deine Stärken sind, beginne alles aufzuschreiben, was dir Freude bereitet und überlege, wie sich daraus ein Beruf kreieren lässt. Lasse deine Gedanken frei fließen, erhebe dich über die Grenzen hinaus und visualisiere und »erfühle« dein Ziel. Alles ist möglich, wenn du weißt, was du willst. Als nächsten Schritt lasse den fühlenden Gedanken und Worten Taten folgen und setze sie in der materiellen Welt um. Dein Ausgangspunkt ist dein Ziel und der Indikator die Freude. Mit Vertrauen und Zuversicht in den rechten Zeitpunkt wandelt sich dein Beruf zur Berufung. Sei dir bewusst: Du bist wie eine leuchtende Kerze, die benötigt wird, um das vollkommene Licht erstrahlen zu lassen. Du bist ein essentieller Teil der gesamten Schöpfung. Erfahre dein Tun und Sein in Freude, Leichtigkeit und Liebe.

Engel-Meditation

*Ich lenke mein Bewusstsein in mein Sein
und atme tief und ruhig in meine göttliche Quelle.
Ich höre den Ruf meiner Seele.
In unverwechselbarer Liebe und Klarheit nehme ich meine
    Seelen-Stimme wahr.*

*Wenn ich bereit dazu bin, öffne ich mich jetzt für ihre
    Botschaft.
Vertrauensvoll gebe ich mich dem Geschehen hin.
Ich lasse kommen und gehen, was kommen und gehen will.
Ein Gefühl, eine Antwort oder einfaches Sein.*

*Ich bin eins mit meiner Seele in göttlicher Vollkommenheit.
Alle Fragen wandeln sich zu Antworten.
Ich bin angekommen am Ufer des Seins,
im wogenden Feld der ewigen Ausdehnung der Schöpfer-
    kraft.
Mit all der Liebe und Freude in meinem Herzen danke ich
    für diese Erfahrung.*

ALLTAG MIT DEM ENGEL
DES BERUFES UND DER BERUFUNG

Imaginationsübung: Eine mögliche Realität

Als Rentner sitzt du vor einer Leinwand, du blickst auf die vielen leeren Stühle eines Vortragssaales und lächelst glücklich in dich hinein. Heute hast du deinen ersten Vortrag über seltene Wildpflanzen in freier Natur gehalten. Mit einem noch breiteren Lächeln ziehen die Bilder der vergangenen Wochen und Monate vorbei – die stetige Entwicklung deiner Berufung, die nun Wirklichkeit geworden ist. Angefangen hatte es mit dem Besuch deines Sohnes. Er erzählte viel an diesem Tag. Er sprach von der ICH-BIN-Gegenwart in jedem Menschen und dass jeder ein großes Potenzial in sich trage, das er verwirklichen möchte und vieles mehr. Auf deinen Einwand, dass nicht jeder sein Potenzial wüsste, meinte er, man könne damit beginnen, eine Liste anzufertigen, mit den Tätigkeiten, die einem Freude machten, und daraus mit kreativem Geist einen erfüllenden Beruf oder eine freudvolle Tätigkeit kreieren. Zudem könnte eine kurze Bitte an den entsprechenden Engel eine weitere, wertvolle Unterstützung sein. Gesagt, getan. Nach dem Motto: Es ist nie zu spät, erstelltest du deine persönliche Liste. Einige Stichpunkte waren die Liebe zu Blumen, die Freude beim Fotografieren, gerne unter Menschen sein und kommunizieren. Sehr schnell war daraus die Idee eines Vortrages über heimische Wildpflanzen gereift. Du wusstest noch nicht genau, wann und wo, doch du wusstest wie. Der Rest würde sich schon noch ergeben.

Mit Leichtigkeit gingen dir die Vorarbeiten von der Hand und die Freude war groß. Die seltenen Pflanzen suchen und finden, sie fotografieren, die Bilder ordnen und Texte recherchieren, das erfüllte dich den gesamten Frühling und Sommer mit Freude und Begeisterung. Die Tage vergingen wie im Fluge und jeden Morgen freutest du dich auf den kommenden Tag. Prompt dauerte es nicht lange, bis dich ein Mitglied einer Seniorengruppe wegen eines Nachmittagsvortrages im Seniorenheim ansprach. Deine intensive Beschäftigung mit den Pflanzen hatte in der Gemeinde schnell ihre Kreise gezogen und heute hatte der Vortrag bereits stattgefunden. Der ganze Saal war gefüllt gewesen mit interessierten Menschen, die berührt waren von der Schlichtheit und Schönheit der Blumen und deren Geschichten, Heilkräften und Mythen. Hatten sie doch selbst kaum mehr die Gelegenheit, Waldwege zu erwandern oder Berggipfel zu erklimmen. Ihre Freude verstärkte noch die deine und zu dem allen wurde dir bewusst: Du hattest nicht einen Moment das Gefühl, eine Arbeit verrichten zu müssen. Nein, im Gegenteil, jeder Augenblick war erfüllt davon, das Wesen der Pflanzen mit ihrer wunderbaren Schönheit und starken Heilkraft vermitteln zu dürfen und das Interesse und die Freude in den Menschen zu erwecken. Dein Dank gebührt deiner inneren Weisheit, die sich nicht davon abhalten ließ, den Spuren der Freude zu folgen und das Leben kreativ zu gestalten. Berufung versteckt sich in jedem freudvollen Sein – das ist die weise Erkenntnis deiner reifen Jahre.

Der Engel
der Familie und Gemeinschaft

*Ich segne in bedingungsloser Liebe meine Eltern,
 Geschwister und all meine Vorfahren.
Ich bin ein Kind Gottes und bedanke mich für alle
 Lernerfahrungen der irdischen Welt.
Ich bin jederzeit geborgen in der universellen Liebe
 des Schöpfers.*

Seit alters haben sich die Menschen in Gemeinschaften zusammengefunden. Sie erfuhren Schutz und Geborgenheit und konnten Gefahren gemeinsam meistern. Im sozialen Gefüge machst du wertvolle Erfahrungen, die deine Seele reifen lassen und ihre Entwicklung fördern. Du wurdest in deine Familie hineingeboren, dort wurde dir der Boden bereitet für deine individuellen Lernschritte: Von Liebe, Freude, Ausgeglichenheit, über Durchsetzungsvermögen, Gemeinschaftssinn bis hin zu Tatkraft, Vergebung und vielem mehr. Deine Kindheit mag leicht oder schwer gewesen sein – deine göttliche Weisheit hat diese Erfahrung als segensreiche Chancen für dein Wachstum gewählt. Unter diesem Aspekt betrachtet, kannst du die Vergangenheit aus dankbarem Herzen akzeptieren und die Verantwortung für dein Leben übernehmen. Wir Menschen dienen und fördern einander in unausgesprochener Übereinkunft. Erscheinen dir Verhaltensweisen anderer als angenehm oder weniger angenehm, spiegeln sie dir einen Teil deiner selbst. Hast du diesen Anteil jedoch in dir erlöst, wirst du zum reinen Beobachter dessen, was ist, ohne Wertung und Kritik. Du bist der klare Beobachter deines Lebens, verankert in der Liebe deines Herzens.

Die Gemeinschaften der Zukunft sind geprägt von liebendem Füreinander und Tatkraft. Aus den Ideen vieler entstehen sinnbringende Projekte. Jeder bringt seine individuelle Schöpferkraft ein. Alle Beteiligten sind Gewinner, die ihren Fokus auf das übergeordnete Ziel richten. Freunde sitzen unter Freunden, ihre Herzen schwingen in harmonischem Klang. Eine Gesellschaft ist im Entstehen, in der die Menschen ihr Selbst leben und voller Herzensfreude ihre Fähigkeiten der Gemeinschaft zur Verfügung stellen – in Übereinstimmung mit der universellen Kraft. Du bist einer von ihnen.

Engel-Meditation

Ich bin die Urkraft der Sonne,
verankert in den endlosen Weiten der Existenz.
Aus der Ferne nähern sich weitere strahlende Sonnen,
langsam formt sich ein kraftvoll leuchtender Sonnen-Kreis.

Ein jeder ist die eine Sonne unter vielen.
Endlose, universelle Energien verströmen sich aus der
  Mitte.
Die Leuchtkraft aller Sonnen vereint sich zu einem
  strahlenden Zentrum
vereint zu Einem und doch jede für sich.
Wir sind in Gott und Gott ist in uns.

ALLTAG MIT DEM ENGEL DER FAMILIE UND GEMEINSCHAFT

Imaginationsübung: Eine mögliche Realität

Stelle dir vor, du bist ein/e weise/r Frau/Mann reifen Alters und blickst zurück auf dein ideales Leben. Dein Leben hat ein großes Netzwerk aus Erfahrungen, Erkenntnissen und Möglichkeiten gesponnen, das sich im vielschichtigen Zusammenspiel mit anderen Individuen bilden ließ. Bereits als Kleinkind warst du eingewoben in eine kleine Familie, die Geborgenheit, Vertrauen und Liebe vermittelte. Von Beginn an war sich ein jeder der eigenen Engelsweisheit bewusst. Machtest du dich neugierig auf zu neuen Ufern, wurdest du gern unterstützt und freudig motiviert. Auch Fehler und Irrtümer hatten genug Raum, um untersucht zu werden, bis du dich mit neuem, kraftvollem Schwung wieder erheben und einen neuen Versuch starten konntest. Das herzhafte Lachen und der liebevolle Humor der eingeschworenen Mitspieler deines Lebens klingen noch heute nachhaltig in deinen Ohren. Es sollte vorkommen, dass deine Eltern dir eine Antwort auf eine deiner vielen Fragen schuldig blieben, doch die Lösung ließ meist nicht lange auf sich warten. Ob Großeltern, die lieben Nachbarn oder auch deine Spielgefährten und ihre Eltern, irgendeiner konnte stets einen erklärenden Beitrag zum jeweiligen Thema abgeben.

Als später die Zeit des Lernens begann, erweiterte sich der Kreis deiner Freunde durch deine Mitschüler und Lehrer. Zu den üblichen Grundfächern wurden in kleinen Gruppen

Spezialthemen unterrichtet, zu denen man sich, je nach individueller Begabung, anmelden konnte. Von Beginn an lag der wesentliche Schwerpunkt des Schulsystems darin, die individuellen Fähigkeiten jedes einzelnen Schülers zu fördern und das soziale, liebende Miteinander zu stärken, natürlich ohne Notengebung. Die Menschen hatten erkannt, dass ein leistungsorientierter Unterricht zu Gewinnern und Verlierern führte, zu großen Helden und zu bemitleidenswerten Versagern. Hier aber durften alle gewinnen, im liebevollen Wettstreit mit sich selbst. Das Lernen geschah auf dem Fundament des natürlichen Strebens des Menschen nach Entwicklung und Entfaltung des Bewusstseins. Das machte einfach Spaß und jeder Schultag war ein Tag der freudigen Erkenntnis und Weiterentwicklung. Manchmal hatte ein Schüler kein Interesse – doch schon bald ließ er sich durch die motivierenden Beispiele seiner Freunde wieder zur neuen Erfahrung hinreißen.

Die lang währende Spanne des Berufslebens entwickelte sich im Laufe der Zeit zum Wirken in deiner Berufung. Oftmals entstanden auch hier die gewinnbringenden Erfolge durch den lebendigen und wohlwollenden Austausch mit Gleichgesinnten.

Ein sehr erfülltes Leben. Früher durftest du der Weisheit anderer zuhören und Erkenntnisse daraus gewinnen. Heute kommen die Menschen zu dir, Kinder und Erwachsene, und bitten dich um Rat und Hilfe. Freudig dankst du in aller Stille all jenen Menschen, denen du begegnen durftest. Was für eine segensreiche, erfüllte Gemeinschaft!

Der Engel der Freiheit

Ich bin frei und offen für die Möglichkeiten dieser Welt.
Ich fliege in die grenzenlosen Felder meines Seins.
Ich streife alle Ketten von den Füßen und gehe meinen
  individuellen Weg.

Freiheit ist grenzenlos und grenzenlos ist die Eine Kraft. Aus der Weite der Freiheit wirst du geboren. In der Weite der Freiheit bringst du dich zum Ausdruck, genau so, wie du vom Schöpfer gemeint bist. Spielerisch und leicht. Scheinbare Hindernisse säumen als willkommene Wachstumsaufgaben und Reifeprozesse in humorvoller Akzeptanz den Weg. Die unendliche Weite der Freiheit ist kaum in Worte zu fassen. Du vermagst sie vielleicht wahrzunehmen in der luftigen Leichtigkeit und Wendigkeit des Windes.

Horche in dich hinein und ergründe deine möglichen Abhängigkeiten.

In welchen Bereichen handelst du anders, als du in deinem Innersten denkst und fühlst? Gestattest du dir die Freiheit, deiner inneren Stimme, dem Auftrag deiner Seele zu folgen – unabhängig von allgemeinen Richtlinien oder der Meinung anderer?

Reagierst du nach den Mustern deiner Vergangenheit? Bestimmen Strategien deiner Kindheit das Verhalten als Erwachsener im Jetzt?

Belasten vermeintliche Sicherheiten dein Leben?

Erkenne nach und nach deine Bindungen an Menschen, alte Muster und überholte Verhaltensweisen, nimm sie in Liebe an und entscheide dich dann bewusst für die Freiheit. Deine Allgegenwart in deinem Herzen ist der alleinige Maßstab für dein Tun und Handeln. Die Freiheit lädt dich ein, Mut zu fassen, DEIN Leben zu leben. Beschränke dich nicht, denn Freiheit ist dein Geburtsrecht. In ihr erschaffst du Dinge neu. Ideen nehmen Gestalt an und bringen deine Schöpferkraft zum Ausdruck. Öffne die Tore weit und der Geist deiner Unendlichkeit wird aus dem Unmöglichen das Mögliche kreieren.

Engel-Meditation

Der Engel der Freiheit fliegt in mir,
in den Tiefen und Weiten meines Herzens.
Ich begrüße ihn, lasse mich umarmen und nehme seine
 Energie wahr.

Alles ist leicht, alles ist weit, alles ist frei.
Meine Atmung ist fließend, mein Brustkorb dehnt sich aus.
Wie ein Ballon erweitert sich mein Energiefeld.
Unaufhörlich und unendlich. Immer weiter und weiter,
 freier und freier.

Ich und der Engel der Freiheit, wir sind miteinander
 verschmolzen.
Unaufhaltsam verströmt sich die Freiheit nun in mir.
Voller Freude und Vertrauen fliege ich in die grenzenlosen
 Felder meines Seins
und entdecke dort meine unzähligen Möglichkeiten und
 Chancen.

Dieses wunderbar leichte Gefühl bewahre ich innig in
 meinem Herzen
und nehme es mit auf die freudvolle Reise meines Lebens,
in Dankbarkeit und Liebe.

ALLTAG MIT DEM ENGEL DER FREIHEIT

Imaginationsübung: Eine mögliche Realität

Stell dir vor, du hast dich bereits eine Weile mit dem Engel der Freiheit vertraut gemacht und daraus für dich etwas sehr Wertvolles erkannt. Das Bedürfnis nach Freiheit äußert sich oftmals in der Sehnsucht nach Reisen in ferne Länder oder in dem Empfinden, woanders sein zu wollen und dem Alltag zu entfliehen. Diese Freiheit gleicht einer Flucht vor dem jetzigen Augenblick. Selbst wenn noch so viele Reisen durchgeführt werden, kommt irgendwann wieder der Augenblick des altbekannten Bedürfnisses: Ich will frei sein. Ich brauche Freiheit ...

Du hast diesen Kreislauf durchschaut und erlaubst dir nun, mit einem leichten Gefühl in deinem Herzen, die vielen kleinen und manchmal auch sehr großen Freiheiten in deinem Leben im jeweiligen Moment umzusetzen. Der Freiheit nachzujagen ist Vergangenheit, du lebst sie nunmehr immer wieder jetzt. Welche Bandbreite an Möglichkeiten es doch gibt, frei zu leben!

Am Morgen, noch im Bett liegend, beginnt bereits die grundlegendste Freiheitsübung. Du erlaubst dir die Freiheit, den bevorstehenden Tag frei leben zu dürfen! Ausschlaggebend für deine kommenden Entscheidungen ist die Übereinstimmung mit deinem Bewusstsein, deinem ICH-BIN. Nun verwirklichst du das Frei-Sein in allen möglichen Lebenslagen.

In Bezug auf die Nahrung bist du frei. Es gibt kein einziges Dogma, das dir vorschreiben kann, was dir guttut und was nicht. Schmeckt dir Vollwertkost, so isst du Vollwertkost. Isst du gerne Fleisch, so isst du Fleisch. Fühlst du dich als Veganer, so isst du vegan ... Das bedeutet nun keineswegs, sich nicht mehr zu informieren, gleichgültig den Alltag zu durchleben und keine Veränderungen mehr vorzunehmen. Es bedeutet, für alles, was du hörst, liest und erfährst, zu entscheiden, ob es stimmig für dich ist oder nicht und entsprechend zu handeln. Das bedeutet Freiheit.

In Bezug auf alle Konsumartikel wie Kleidung, Auto, kulturelle Veranstaltungen, Medien und so weiter bist du frei. Du bist frei von jeder Identifikation. Kein Besitz eines Autos kann dir mehr vorgaukeln, ein wertvollerer, besser gestellter Mensch zu sein. Nein, du fährst ein Auto, weil du pure Freude daran hast. Freude an der Geschwindigkeit, an der Leichtigkeit der Fahrweise und so fort.

Du besuchst keine Veranstaltungen mehr, weil man das tut oder weil man gesehen werden will. Nein, du hast die Freiheit, jederzeit zu wählen. »Dies interessiert mich, diese Veranstaltung besuche ich, für jenes jedoch habe ich kein Interesse. Danke, ich bleibe fern.«

In Bezug auf deine Berufswahl bist du frei. Du bist Meister deines Lebens und weißt sehr wohl, ob diese oder jene Tätigkeit deinem Sein entspricht.

Das ist gelebte Freiheit, verbunden mit einer leichten, freudigen Umsetzung ins Leben. Als Bewusstsein gelingt dir ein freies Leben auf sehr einfache Weise. Jederzeit wahrst du in deinem Frei-Sein die persönlichen Grenzen deiner Mitmenschen. Als Bewusstsein erkennst du in jeder Situation, was stimmig ist und sich gut anfühlt und was du lieber sein lässt.

In letzter Konsequenz bedeutet Frei-Sein schließlich die Freiheit von allem Wünschen und Wollen. Du kannst alles haben, was du willst, jede Bindung und Identifikation an eine Sache oder Person wurde jedoch aufgegeben. Erst diese letzte große Freiheit führt dich zur wahren Erfüllung deines Lebens.

Der Engel der Freude

*Ich bin die Freude meines Lebens im strahlenden Licht
   des Einen.
Die Sonne strahlt aus meinem Herzen auf meine
   individuelle Welt.
Ich spüre die grenzenlose Freude meines wahren Seins.*

Das Lachen der Welt klopft an deine Tür. Bist du bereit? Bereit für das Abenteuer eines freudvollen Lebens? Sieh dich um in deiner Welt: In allem existieren zwei entgegengesetzte Pole: Wo Dunkelheit ist, kannst du auch das Licht entdecken, wo du Hass fühlst, ist irgendwo die Liebe versteckt, wo sich Traurigkeit zeigt, lächelt gleich daneben vielleicht ein Kind. In jeder Situation kannst du diese Gegensätze wahrnehmen. Ist dir dies bewusst, so lenke deinen Fokus auf die positive Seite. Entscheidend ist deine Wahl – das Resultat jedoch wird sich lohnen. Du begibst dich auf die Sonnenseite deines Lebens. Freudvolle Leichtigkeit kennzeichnet von nun an deinen Weg.

Höre auch auf die Stimme deines inneren Kindes. Was braucht es, um wieder fröhlich zu sein und sich über die einfachen Dinge des Lebens zu freuen? Trägt es den Ballast dir vertrauter Menschen, so nimm ihn von den Schultern und gib ihn zurück. Sei gewiss, du ermöglichst dadurch auf liebevolle Weise deinem Mitmenschen Chancen auf Wachstum und Reife. Jede Seele will an ihren eigenen Aufgaben wachsen, wie der Schmetterling, dessen begrenzender Kokon anfangs notwendig ist, damit er Flügel ausformen kann. Nimmt man ihm den Kokon, nimmt man ihm zugleich die Fähigkeit zu fliegen.

Nun, lieber Freund und liebes inneres Kind, beginnt mit mir zu fliegen. Lächelt über scheinbare Misserfolge, bedankt euch für die darin enthaltene Lehre und verändert mit fröhlichem Gemüt das Projekt oder kreiert ein neues. Mit fröhlichem Lachen schreitet voran, mit Freude im Herzen beginnt fortan zu singen über die unzähligen Möglichkeiten der positiven Wahl, die das Leben bietet. Freude spricht aus deinem Mund und Freude glitzert aus deinen Augen. Freude in dir erzeugt Freude in deinen Mitmenschen. Ich danke dir dafür.

Engel-Meditation

*Ein wunderschöner, lauer Sommertag –
ich gehe in einer bunten Blumenwiese spazieren.
Das fröhliche Plätschern eines Baches ruft mich an sein
    Ufer.
Tausende von glitzernden Licht- und Wasserfunken
    vereinen sich im Tanz
und führen mich behutsam und liebevoll in eine mir
    bekannte Welt.*

*Ein strahlender Wasserfall in den Farben des Regenbogens
    erfrischt meinen Körper
und klärt alle meine Sorgen und Ängste zu reinstem Licht.
Viele kleine, engelsgleiche Wassertropfen berühren und
erleuchten jede einzelne meiner Zellen.
Kraftvolle Lebendigkeit und tiefe Freude erfüllen mich.*

*Die Freude des glitzernden Wassers spiegelt die dankbare
    Freude meines Seins
in der allumfassenden und liebenden Anwesenheit des
    Schöpfers.
Ich bin die Freude meines Lebens im strahlenden Licht des
    Einen.
ICH BIN.*

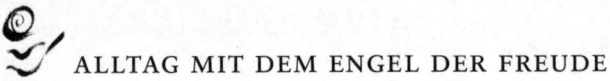

ALLTAG MIT DEM ENGEL DER FREUDE

Imaginationsübung: Eine mögliche Realität

Stell dir vor, du befindest dich auf einem Spaziergang durch frische Wiesen und harzig duftende Wälder. Ein herrlich strahlender Frühlingstag lockte dich ins Freie. Nach einer längeren Wegstrecke lädt dich an einem Waldspielplatz eine Bank zum Verweilen ein. Ein paar warme Sonnenstrahlen blitzen durch das Geäst direkt in dein Gesicht. Sie kitzeln an deiner Nase und bügeln auf deiner Stirn alle Denk- und Grübelfalten glatt. Die Wärme zaubert ein wohliges Lächeln auf dein Gesicht. Vollkommen entspannt betrachtest du eine Schar Kinder, die sich am Spielplatz eingefunden hat. Noch vor einigen Wochen hättest du dich beschwert über die Lautstärke des Spieles. Heute jedoch bist du ganz bei dir angekommen und das herzhafte, lebendige und fröhliche Zusammenspiel der Kinder erwärmt dein Herz. Nach einer Weile läuft ein Kind in deine Richtung und bittet dich in natürlicher und herzerfrischender Weise um Hilfe. Seine Mütze hat sich während des ausgelassenen Spiels in den hohen Ästen eines Eichenbaumes verfangen. Ohne zu zögern beginnst du unter dem Ansporn der Kinder zu klettern. Eigene, längst vergessene, schöne Kindheitserinnerungen werden wach. Du bist wieder das Kind von damals, das voller Freude das Abenteuer im Spiel entdeckt. Die Mütze ist schnell erreicht und landet in den jubelnden Armen des Kindes. Du stehst wieder mit den Füßen auf der Erde, da umkreisen dich die

Kinder und beginnen dankend einen Jubeltanz. Laut singend tanzt du ausgelassen mit den kleinen Rabauken im Wald. Das Lachen und Tanzen will kein Ende nehmen, doch irgendwann meldet sich dein Körper zu Wort. Immer noch lachend lässt du dich wieder auf der Holzbank nieder. Etwas erschöpft, aber mit kindlicher Fröhlichkeit in deinem Herzen. Der Nachmittag geht bereits zur Neige, die Kinder verabschieden sich und winken dir noch jubelnd zu, bis sie an einer Weggabelung aus deinem Blickfeld verschwinden.

Ruhe und Stille kehrt ein. In deinem Herzen ist dein inneres Kind noch sehr lebendig. Freudig genießt es den Ausklang des ausgelassenen Spiels. Beschwingten Schrittes kehrst du nach Hause zurück, die Leichtigkeit und Freude in deinem Herzen bewahrend. Du begegnest auf deinem Nachhauseweg den unterschiedlichsten Menschen, alten und jungen, ruhigen und gestressten. Viele lachen und grüßen zurück, wenn du ihnen mit schwungvollem Elan und strahlenden Augen einen guten Tag wünschst.

Der Abend geht bereits in die Nacht über. Du sitzt in deinem gemütlichen Wohnzimmer und lächelst dem regen Flackern des Kerzenlichts zu. Versunken in das Kerzenlicht erscheint es dir so, als würden tausend Lichterfunken erstrahlen und sich immer wieder wandeln zu neuen, sonnenhaften Gestalten. Zusammen mit deinem inneren Kind in deinem Herzen dankst du für die vielen, fröhlichen Momente des vergangenen Tages und löschst das Kerzenlicht aus. Du kuschelst dich unter deine warme Bettdecke und gleitest, mit einem Lächeln im Gesicht, hinüber in einen erholsamen Schlaf.

Der Engel des Friedens

*Die Wellen des Friedens glätten meine emotionellen Wogen.
Ich blicke mit friedlichen Augen in meine Welt.
Die Sanftheit des Friedens ist meine große Stärke.*

Menschen in der Dualität neigen dazu, die Fehler und Taten beziehungsweise »Nicht-Taten« bei anderen zu kritisieren. Die großen und kleinen Kriege in der Welt, Unstimmigkeiten zwischen Politikern oder auch Ausschreitungen während großer Veranstaltungen lassen uns scheinbar ohnmächtig zusehen ... und doch – jeder Einzelne kann seinen Beitrag zum Frieden in der Welt leisten.

Beginne in deinem Alltag ein friedvolles Leben. Ein Streit in der Familie, eine Auseinandersetzung bei der Arbeit oder ein unverständliches Handeln eines Nachbarn – jederzeit ist die friedvolle Verbindung mit und in deinem Herzen möglich.

Wie die Stille in der Morgendämmerung senkt sich der Friede lautlos in dein Herz. Mit dem Engel des Friedens erhebst du dich über deine momentane Situation und betrachtest die Ereignisse aus der Perspektive des Himmels. Du beobachtest dich im Umgang mit deinen Mitmenschen auf der Erde. Ein liebendes und friedvolles Sein rückt alle Belange in ein klärendes Licht.

Verurteilst du oder wurdest du verurteilt? Wer ist der scheinbare Sieger, wer der Verlierer? Welche Lernaufgabe will sich jetzt in deinem Leben integrieren? Das Verzeihen, das liebevolle Vertreten deiner Wahrheit, die Liebe zu dir und den anderen, das Wahrnehmen des ICH BIN, in allem, was existiert?

Der Friede in dir glättet alle Wogen und lässt die Wellen des Zornes und des Opfer-Daseins sanft werden. Du bist fähig, diesen vereinenden, Herzenswärme bringenden Frieden zu verschenken, denn er ist Teil deines Seins.

Die weiße Taube des Friedens möge weite Kreise ziehen und im Kleinen, in der Persönlichkeit beginnend, das Große in der Gesellschaft erreichen.

Engel-Meditation

*Die weiße Taube des Friedens zieht weite Kreise über
    meinem Haupt,
sie lässt sich auf meinem Kopf nieder.
Ich nehme ihr großes, reines Energiefeld wahr
und atme den beruhigenden Frieden mit jedem einzelnen
    Atemzug in mein Herz.*

*Tiefer Friede ist nun in meiner Existenz
hüllt mich und alle meine Mitmenschen ein.
All meine Beziehungen sehe ich durch die Augen der Liebe.
Aus der allumfassenden, immerwährenden Quelle
wird ein freudiges, liebendes und friedliches Miteinander
    geboren.*

*Friede verströmt sich in die Welt.
Ich bin Friede.
ICH BIN.*

ALLTAG MIT DEM ENGEL DES FRIEDENS

Imaginationsübung: Eine mögliche Realität

Stell dir vor, es ist früher Morgen und du befindest dich mit deinem Auto auf dem Weg in deine Firma. Das tägliche Verkehrschaos scheint vorprogrammiert zu sein. Hupende, ungeduldige Autoinsassen, wendige Fahrradfahrer, die sich durch das Gewühl schlängeln, und lachende Schulkinder, auf die es besonders achtzugeben gilt. Du schaust auf die Uhr, langsam steigt deine Ungeduld. Du erkennst bewusst deine Gefühlslage, lässt sie zu und atmest zugleich tief und ruhig in deinen Bauch. Spontan wendest du dich mit der Bitte um Unterstützung an den Engel des Friedens. Bereits nach kurzer Zeit bist du wieder in deiner friedlichen, mitfühlenden Mitte angelangt. Gelassen betrachtest du die unterschiedlichsten Szenarien. Obwohl du dich mitten im Getümmel befindest, fühlst du dich jetzt wie ein neutraler, in sich ruhender Beobachter außerhalb des Geschehens. Aus diesem objektiven Blickwinkel heraus kannst du die verschiedenen Aktionen und Gefühlslagen deiner Mitmenschen sehr gut erkennen und nachvollziehen.

Mit einem wohligen Gefühl im Bauch biegst du auf den überfüllten Firmenparkplatz ein. Ein paar Meter weiter siehst du voller Freude eine freie Parklücke. Gemächlich fährst du auf sie zu. Plötzlich kommt ein anderes Auto, schlängelt sich sofort in die freie Lücke. Der Fahrer triumphiert über seinen scheinbaren Sieg. Wieder atmest du tief in deine friedvolle Mitte, verlässt ruhig dein Auto und beginnst mit dem »Sieger« ein Gespräch. Deiner ruhigen, neutralen Frage, ob er denn nicht gesehen hätte, dass du auf die Parklücke zufährst, weicht er aus und beginnt in aggressiver Verteidigungshaltung mit Schimpftiraden über dich herzufallen. Der neutrale Beobachter in dir erkennt den enormen Druck und Stress, dem dein Gegenüber ausgesetzt ist. Während du auf das Ende des Wutausbruches wartest, baust du in dir und um dich herum ein Energiefeld des Friedens und des Mitgefühls auf. Auf deinen mitfühlenden, zornfreien Blick und auf dein positives Energiefeld hin werden die Worte immer leiser und einlenkender. Schließlich bietet dir dein Gesprächspartner sogar leicht verlegen an, aus der Parklücke herauszufahren und sich eine neue zu suchen. Er stimmt in dein friedliches Lachen ein und bedankt sich sehr herzlich für deinen Entschluss, dich erneut auf die Suche zu machen.

Kurze Zeit später kannst auch du einparken. Du bleibst noch etwas im Auto sitzen und lässt das soeben Erlebte Revue passieren. Du fühlst eine heitere und fröhliche Stimmung in dir aufsteigen. Genau so funktioniert ein friedliches Miteinander. Du hast es real umgesetzt. Eine unerwartete Situation – über den Atem zur ruhenden Mitte gelangen, aus dem Herzen heraus ein mitfühlendes, friedliches Energiefeld aufbauen – so wird einem anderen der Wind aus den Segeln genommen. Eigentlich sehr einfach und doch manchmal so schwer. Du lächelst dir anerkennend zu und dankst dem Friedensengel in dir für dein weises Vorgehen. Selbst wenn du vielleicht ein andermal in ein altes Verhaltensmuster fällst, erlaubst du dir dies als übender Meister in deinem Leben. Dann klappt es eben in der darauf folgenden Situation. So einfach ist das. Lachend steigst du aus dem Auto und beginnst deinen konstruktiven, positiven Arbeitstag.

Der Engel der Fülle

*Die göttliche Fülle ist unerschöpflich und versorgt
  mich jetzt und für immer.
Ich empfange die segensreiche Fülle mit dankbarem
  Herzen.
Fröhlich erlaube ich dem göttlichen Füllhorn, sich
  täglich über meinem Haupt zu ergießen.*

Die Fülle ist ein Teil deines ewigen Bewusstseins, deiner Schöpferkraft. Es bedarf keiner Anstrengung im Außen, keiner mühevollen Arbeit, die zu verrichten wäre. Fülle ist und steht dir jederzeit zur Verfügung. Das Universum versorgt die Kinder des Allgegenwärtigen mit allem, was sie brauchen, und mit noch mehr. Die Fülle kennt keine Grenzen. Mit dem Bewusstsein der Fülle ist das Geben ein Teil deines Lebens. Gib ohne Erwartung, etwas dafür zurückzuerhalten. Gib aus freiem Herzen, mit dem Wissen, dass der Schöpfer für dich sorgt.

Spüre unendliche Dankbarkeit für das, was du an materiellen und ideellen Werten besitzt. Deine Dankbarkeit verhindert das Gefühl des Mangels. Damit lenkst du deine Aufmerksamkeit auf deine Fülle im Kleinen wie im Großen. Dankbarkeit für dein Zuhause, Dankbarkeit für das Lächeln eines Menschen, Dankbarkeit für deine Nahrung, Dankbarkeit für die blühende Wiese im Frühling, Dankbarkeit für den Duft einer Rose, Dankbarkeit für die wunderschöne Musik, die deine Ohren erfreut, Dankbarkeit für den Wind, der deinen Geist erfrischt, und noch vieles mehr. Es gibt unendlich viele Möglichkeiten, mit den Augen des Dankes deinen Lebensweg zu beschreiten. Allein durch diese Vorgehensweise bist du bereits mit Fülle gesegnet. Sie strömt unaufhörlich zu dir. Die Fülle deines freudvollen Dankes aus deinem Herzen wird zur Fülle deines Lebens. Freigebigkeit, Großzügigkeit und Dankbarkeit enthüllen das Geheimnis deiner Fülle.

Engel-Meditation

Ich betrete mein weiträumiges Haus der Fülle.
Viele Türen führen zu vielen erfüllenden Möglichkeiten.
Eine Tür öffnet sich und ich betrete einen großen, hellen Raum.
Eine Gestalt kommt auf mich zu, und ich erkenne den Engel der Fülle.

Er überreicht mir einen goldenen Beutel mit einer goldenen Münze darin.
Ich danke aus tiefstem Herzen, und er verabschiedet sich mit einem Lächeln.
Viele Menschen füllen plötzlich den Raum und schauen mir fröhlich in die Augen.
Ich greife in den Beutel und überreiche meine goldene Münze einem lächelnden Kind.

Dankbar spüre ich die Freude des Gebens und des Teilens tief in meiner Seele.
Verwundert erblicke ich zehn weitere Münzen in meinem Beutel.
Nochmals verschenke ich eine Münze und nochmals kommen zehn weitere hinzu.
Je mehr ich gebe, umso mehr fließt zu mir zurück.

*Lachend genieße ich die Gemeinschaft der fröhlichen
   Menschen
und erkenne und erfahre die unendliche Fülle in meinem
   Leben.
Große Dankbarkeit für diese Erfahrung erfüllt mein
   ganzes Sein.
Ich bin für immer versorgt von der Fülle und Weisheit der
   Einen Kraft.*

 ALLTAG MIT DEM ENGEL DER FÜLLE

Imaginationsübung: Eine mögliche Realität

Stell dir vor, du hast dich bereits einige Zeit mit dem Engel der Fülle vertraut gemacht. Jeden Tag neu baust du während einer stillen Meditation das Energiefeld der Fülle auf. Du weißt tief in dir, wie sich ein Leben in Fülle anfühlt. Du bist die Fülle. Die Fülle im Beruf, die Fülle in allen materiellen Angelegenheiten, die Fülle im ganzen Sein, sprich im Ganz-Sein und Vollkommen-Sein. Ab und zu kommen sogenannte Prüfsituationen auf dich zu, in denen du zeigen kannst, ob du wirklich deine Fülle verinnerlicht hast. Du musstest beispielsweise gerade während der Beschäftigung mit dem Engel der

Fülle dein Konto überziehen. Der viel besagte Prüfstein. Glaubtest du trotzdem an deine Fülle? Ja, du hast die Situation begutachtet, den scheinbaren Mangel gesehen und für dich entschieden: »Ich danke für die momentane Lernsituation. Ich bin Meister meines Lebens. Ich habe mich für die Fülle entschieden, sie ist ein Teil von mir. Darüber freue ich mich sehr ... und ich bin schon sehr neugierig, in welcher Form die Fülle als nächstes in mein Leben tritt.« Es kamen noch mehrere ähnliche Situationen, die du mit dem selbstverständlichen Gefühl der Fülle in dir gemeistert hast. Es gibt unzählige Varianten, in denen das Leben dich mit Fülle beschenken kann. Dir ist bewusst: Der Verstand würde diese vielen Möglichkeiten begrenzen. Vertrauensvoll überlässt du diesen Aspekt dem Engel der Fülle in dir.

Eines Tages erhältst du einen Brief – mit einer Gewinnnachricht über eine hohe Geldsumme. Du kannst es kaum glauben, hast du dich doch nie an einem Gewinnspiel beteiligt. Als sich herausstellt, dass deine Schwester dies in deinem Namen erledigt hat, ist die Überraschung riesengroß. Dein Energiefeld der Fülle hat die entsprechende Antwort in dein Leben gerufen. Die Dankbarkeit und Freude sind kaum in Worte zu fassen. Du übergibst die Hälfte deines Gewinnes dankend deiner lieben Schwester, von dem restlichen Vermögen nimmst du einen zehnten Teil und stellst ihn für Spenden und gemeinnützige Zwecke zur Verfügung. Dafür hast du dir die tollsten Ideen ausgedacht. Einen Teil verschenkst du in anonymer Weise an Freunde und Bekannte, die eine finanzielle Unterstützung benötigen. Es bereitet dir unsagbare Freude, wenn ab und an einer der Beschenkten dir von dem mysteriösen Geldgeschenk im Briefkasten erzählt. Einen weiteren Teil verschenkst du an unbekannte Menschen: dem obdachlosen Bettler auf der Straße, einer alten Frau, die im Obst- und Gemüseladen lange überlegt, ob sie zu Weihnachten nun eine Avocado kaufen soll oder nicht, einer jungen Familie mit vier Kindern, die sich endlich den Wunsch eines eigenen Schrebergartens erfüllen, um der lärmenden Großstadt ab und zu entfliehen zu können, und der Verkäuferin um die Ecke, eine alleinerziehende Mutter von zwei Kindern, die tagein tagaus von morgens 6 Uhr bis abends um 19 Uhr hinter der Ladentheke steht, um ihre Familie zu ernähren und die Tagesmutter bezahlen zu können. Der erstaunte, fragende Blick und das Strahlen in den Augen der Beschenkten zugleich bedürfen keiner Worte. Diese unglaubliche Freude gibt dir unermesslich viel zurück. Du empfindest einen tiefen Frieden und eine immens große Liebe zu deinem Leben.

Täglich bejahst du die göttliche Fülle in dir. Während du mit liebendem Herzen gibst, zeigt sich die unendliche Fülle in deinem Leben immer mehr. Unerwartete Aufträge, ein florierendes Geschäft, Geschenke, eine kleine Erbschaft und, und, und. Dein Leben ist tief erfüllt von der unbeschreiblichen Freude anderer und vom starken, bedingungslosen Vertrauen in deine göttliche Fülle.

Der Engel der Harmonie

*Ich bin in stillem Einklang mit den universellen
   Gesetzen Gottes.*
*Ich erkenne die Harmonie in allen scheinbaren
   Gegensätzen.*
*Ich wiege mich sanft und im Einklang mit den Kräften
   der Materie.*

Liebe, was ist, und die Harmonie wird dich jeden Atemzug deines Seins begleiten. Deine Persönlichkeit ist es gewohnt, sich mit Begebenheiten, Gedanken, Themen und so weiter zu identifizieren. Eine Identifikation gleicht einer magnetischen Kraft. Sie bedingt eine Stellungnahme für einen Aspekt und meist eine Ablehnung eines anderen. Beide sind ein Teil des Ganzen, sie sind Teile der Vollkommenheit. Menschen erachten meist das Positive als vollkommen – doch erst die Annahme des scheinbar Negativen bringt den Ausdruck der allumfassenden Einen Kraft zur Vollendung. Jede Kritik an einem anderen ist zugleich Kritik an dir selbst.

Liebst du das, was du wahrnimmst, und veränderst das, was zu verändern möglich und sinnvoll ist, lebst du in harmonischem Einklang mit den Gesetzen Gottes und in Harmonie mit dir selbst. Die Natur, als eine Ausdrucksform der Schöpfung, gibt dem Menschen viele Anschauungsmöglichkeiten dazu. Beobachte beispielsweise die weichen Bewegungen der Bambuspflanze während eines starken Sommerwindes. Jeder einzelne Halm fügt sich harmonisch in die Gesetzmäßigkeit der Naturkräfte ein. Der Bambus gibt sich der wuchtigen Kraft des Luftelementes hin, nimmt an, gibt nach und tanzt im Einklang mit dem Wind. Kein Festhalten. Keine Erwartung. Ein fließendes Sich-Einlassen als harmonisches Spiel mit den inneren und äußeren Begebenheiten.

Du trägst als Kind des Schöpfers diese Eigenschaft als angeborene Fähigkeit in dir. Sie ist jetzt aufgerufen, im Licht deines All-Tages zu erscheinen, um sich vollkommen in dein Leben zu integrieren. Wiege dich sanft wie der Bambus in harmonischem Einklang mit den Kräften der Materie.

Engel-Meditation

*Ein wohlwollender Glockenton formt sich langsam in
 meinen Ohren.
Er erscheint – gong – wird leiser und leiser
und verklingt langsam zu harmonischer Stille.
Der Ton kehrt dorthin zurück, woher er kam.*

Gong – Stille – Gong – Stille

*Klang und Stille sind mit einer liegenden Acht verbunden.
Der eine Aspekt fließt sanft in den entgegengesetzten und
 umgekehrt.
Klang und Stille gleichen sich aus, werden eins.
Klang ist Nicht-Klang und Nicht-Klang ist Klang.*

Gong – Stille – Gong – Stille

*Ich erfahre mich jetzt als Klang ...
Ich erfahre mich jetzt als Stille ...
Genau in jenem Augenblick, in dem der Klang vergeht und
 die Stille erklingt,
bin ich beides zugleich.*

Ich erkenne die Harmonie zwischen Klang und Stille.
Ich erkenne die Harmonie in allen Gegensätzen.
Ich bin in stillem Einklang mit den Melodien der äußeren
    und inneren Welt.
ICH BIN.

 ## ALLTAG MIT DEM ENGEL DER HARMONIE

Imaginationsübung: Eine mögliche Realität

Stell dir vor, du begibst dich auf eine Entdeckungsreise mit dem Engel der Harmonie. Ausgangspunkt ist das Innere deines Seins. Du verstehst die klaren Worte des Engels, die dir die Weisheit der Harmonie vermitteln, und setzt sie in deinem Alltag um. »Beginne stets in dir. Harmonie in und mit dir bewirkt In-Harmonie-Sein mit dem, was im Außen geschieht, sei dies nun gut oder schlecht.«

Anfangs bemerkst du vielleicht die vielen, kleinen Verurteilungen, die deine Gedanken tagaus tagein über dich fällen. Worte wie: »Mein Gott, bin ich ungeschickt«, wenn eine Gabel zu Boden fällt oder »Das war mal wieder typisch ich«, wenn etwa ein Versuch danebengeht. Diese meist sehr unauffälligen »Verräter-Gedanken« werden dir mehr und mehr bewusst. Jedes Mal, wenn sie auftauchen, läutet nun die Harmonie-Glocke laut in dir. Du lächelst dir beispielsweise mit den Worten zu: »Bingo, das ging daneben. Das ist vollkommen in Ordnung. Beim nächsten Versuch klappt es besser.« Du kommst in Harmonie mit deiner gesamten Gedankenwelt, sowohl mit den positiven »Sonnen-Gedanken« als auch mit den negativen »Verräter-Gedanken«. Oft sind an viele Gedanken unmittelbar Gefühle gekoppelt, abhängig von guten oder schlechten Erfahrungen in der Vergangenheit. Auch in diesem Bereich lernst du immer mehr zu unterscheiden. Ein Gedanke ist ein Gedanke, nicht mehr und nicht weniger, vollkommen wertfrei. Er taucht auf und versiegt. Erst das individuell erlebte Gefühl bewertet und kategorisiert. Als du zum Beispiel als Kind das erste Mal eine Schnecke gesehen hast, warst du neugierig und hast dich gefreut, als sie dich ihr Schneckenhaus berühren ließ. Stundenlang konntest du dich mit diesem Tier beschäftigen. Du warst in Harmonie mit dir, der Schnecke und deinem Spiel. Kam nun deine Mutter hinzu, die sich vor Schnecken ekelte, wollte sie, dass du damit aufhörst. Erschrocken erfuhrst du, dass diese Tiere etwas Grauenhaftes seien – und in deinem späteren Leben hast du Schnecken gemieden. War deine Mutter jedoch voller Freude über dein Spiel, setzte sie sich zu dir und baute mit dir zusammen einen Schneckengarten, konnten die Schnecken in Zukunft deine Freunde bleiben. Das gespeicherte Gefühl in deinem Zellgedächtnis ist positiv und aufbauend.

Entsprechend dieses kleinen Beispiels erforscht du deine Gefühlswelt, die sich in unzähligen Alltagssituationen zeigt. Immer klarer erinnerst du dich wieder an das Kind in dir, das vollkommen wertfrei die Dinge und Vorfälle des Lebens betrachtet.

Du siehst deinen Nachbarn, der die Gartenabfälle über den Zaun wirft und hinnimmt, dass ein Teil davon auf deinem Grundstück landet. Du bleibst ohne Bewertung und weißt, dass jeder Mensch das tut, was für ihn individuell richtig erscheint. Dein aufkeimender Ärger löst sich sofort wieder auf, und du bist in Harmonie mit dem Geschehen. Mit diesem positiven Gefühl des Friedens klingelst du bei deinem Nachbarn und bittest ihn, dein Grundstück sauber zu halten. Deine Worte sind Worte des Friedens, frei von jeder Anklage und Beschuldigung. Sie zeigen sofort ihre Wirkung. Dein Nachbar entschuldigt sich wegen seinem unüberlegten Handeln und räumt seine Abfälle sofort weg. Jeder geht wieder mit Schwung und Fröhlichkeit an seine Arbeit. Mittlerweile könntest du ein Büchlein über die vielen kleinen Alltagsgeschichten in Begleitung des Engels der Harmonie schreiben. Und mit jeder noch so unbedeutenden Geschichte verdoppelt sich das leichte und fröhliche Gefühl der Harmonie in dir.

Der Engel der Heilung

Als wahres Bewusstsein bin ich immer heil, gesund
 und frei von jeder Einschränkung.
Ich danke meinem unbegrenzten Heil-Sein auf allen
 Ebenen.
Ich empfange den heilenden Segen der allmächtigen
 Einen Kraft.

Deine Wirklichkeit entspringt den heiligen Quellen Gottes. Deine wahre Existenz – einzig und allein – ist wohlige Gesundheit und strahlendes Glück. In den Spiegelungen der materiellen Welt mögen Krankheiten in Erscheinung treten, dennoch sind und bleiben sie wortwörtlich Schein. Du bist nicht dein Körper, du besitzt ihn nur. Dein wahres Sein ist Bewusstsein und als solches immer heil, immer glücklich und immer frei von allen Einschränkungen. Verankere diese vollumfängliche Wahrheit tief in deinem Bewusstsein. Betrachte deine Erkrankung losgelöst von deinem Körper, aus den Augen deiner göttlichen ICH-BIN-Gegenwart. Welche weise Botschaft möchten dir die Symptome vermitteln? Dein Körper ist ein sehr treuer Gefährte. Erkenne seine Signale und nimm die heilende Botschaft an. Übernimm die Verantwortung und handle dem entsprechend. Krankheit ist eine zwingende Aufforderung, das Leben zu korrigieren, auf bestimmte Lebenssituationen verändert zu reagieren und dadurch sein Bewusstsein zu erweitern. Ein Beiseite-Schauen oder Nicht-wahr-haben-Wollen ist zwar immer noch möglich, für Körper, Seele und Geist jedoch immer weniger förderlich.

Hast du die Botschaft erkannt, wirst du entdecken, dass der wichtigste Aspekt für Gesundheit die Liebe ist, das Eins-Sein mit allem und das Ganz-Sein in dir. Die Liebe zu dir und zu deinen Mitmenschen bedeutet das liebende Verzeihen aus deinem Herzen und das Akzeptieren dessen, was ist. Die Liebe deines Herzens ist der geheimnisvolle Schlüssel zum Tor deiner wahren Gesundheit, deines Wohlergehens und deines strahlenden Glückes. Liebe so viel du kannst, verschenke die Liebe immerwährend und vergiss vor allem nicht DEIN WAHRES SELBST.

Engel-Meditation

*Ich betrete den Tempel der Heilung und Gesundheit.
Von allen Wänden glitzern grüne und goldene Edelsteine
in den verschiedensten Farbnuancen.
Sofort bin ich eingehüllt in heilende, grün-goldene Strahlen.*

*In der Mitte des Tempels befindet sich ein gläserner,
    achtzackiger Stern
mit einem grün-goldenen, samtweichen Kissen im Zentrum.
Immer ruhiger werdend lasse ich mich auf dem Kissen
    nieder.
Mein Körper ist vollkommen entspannt.*

*Die grün-goldenen Heilstrahlen durchströmen jede
    einzelne Zelle meines Körpers, von Kopf bis Fuß,
und dehnen ihre heilende Strahlkraft über meinen Körper
    hinaus aus.
In diesem gold-grünen Strahlenkokon lasse ich jetzt
    vollkommene Heilung geschehen.*

*Ganz langsam entfaltet sich in meinem Geist die Botschaft
    meiner Krankheit.
Immer deutlicher sehe ich klar vor mir, was ich verändern
    will.
Ja, ich nehme die Botschaft an und tue, was zu tun ist.
Liebevoll umarme ich meinen Körper und danke für den
    heilenden Segen.*

Ich weiß, mein wahres Sein ist heil und gesund.
Voller Vertrauen lasse ich dem Körper und dem Gemüt die
Zeit, die sie brauchen,
damit sich die Gesundheit auch auf irdischer Ebene
entfaltet.
Ich erhebe mich, erfreue mich dankend an meinem
Heil-Sein und kehre in den Alltag zurück.

ALLTAG MIT DEM ENGEL DER HEILUNG

Imaginationsübung: Eine mögliche Realität

Stell dir vor, durch die Beschäftigung mit dem Engel der Heilung hast du vermehrt einen Einblick in die seelisch-geistigen Ursachen der körperlichen Symptome erhalten. Du leidest beispielsweise an einem Schnupfen und es stellt sich dir sofort die Frage, wovon oder von wem du denn deine »Nase voll hast«. Die Antwort liegt in unmittelbarer Reichweite, und du erinnerst dich an die entsprechende Begebenheit.

Deine Chefin hatte dir eine sehr umfangreiche Terminsache übergeben, deren Zuständigkeit normalerweise in den Händen eines im Moment erkrankten Kollegen lag. Sie selbst flog für drei Wochen in die Karibik, und es war zeitlich nur noch eine kurze Einführung und Erklärung möglich. Da war nun guter Rat teuer. Die Akte sollte in einer Woche erledigt sein und kein Ansprechpartner weit und breit.

Der Schnupfen und die damit verbundenen Kopfschmerzen hatten demnach sehr wohl ihren Grund. Der Druck und das »Kopfzerbrechen« bezüglich einer Lösung waren dir zu viel geworden, du nimmst dir einen Tag »Auszeit«. Daheim im Bett liegend gehst du die Situation noch einmal durch. Da ein reales Gespräch mit deiner Chefin nicht möglich ist, begibst du dich in die Imagination. Du stellst dir ein konstruktives Gespräch zwischen euch beiden vor. Ruhig und klar vermittelst du deiner Vorgesetzten die Probleme, schilderst ihr den Druck, unter dem du leidest, und all die Gefühle, die sich seit der Übernahme der Terminsache bei dir äußerten. Du sprichst alles aus, was du bisher um der Harmonie willen lieber geschluckt hast. Sofort spürst du, wie deine Kopfschmerzen leichter werden. Es war dir möglich Dampf abzulassen, und du fühlst dich umgehend besser. In der visualisierten Situation geht ihr nun gemeinsam daran, Lösungen für das Projekt zu kreieren. Und tatsächlich tauchen in dieser sehr entspannten und kreativen Atmosphäre, zu Hause in deinem Bett, entsprechende Antworten in deinem Geist auf. Du führst diese Technik so lange fort, bis sich ein rundum stimmiges Ergebnis entfaltet hat.

Nach einer kurzen Pause beginnst du mit der Heilmeditation mit dem Engel der Heilung. Du spürst die grün-goldenen Heilstrahlen erquickend und belebend in deinem Körper. Du atmest die grüne Farbfrequenz abwechselnd über deinen Mund und soweit möglich über deine Nase ein, bis du die alles durchdringende Heilkraft in jeder einzelnen Zelle spürst. Du fühlst in der Tiefe deines Seins, dass das Ich in der Illusion der Trennung und der Dualität krank wurde, das wahre Selbst jedoch immer heil und gesund ist. Deine Krankheitssymptome erkennst du als Freunde und Lehrer, die dir helfen, mehr und mehr dein Selbst zu sein. In intensivem Kontakt mit der vollkommenen, göttlichen Ordnung wirst du immer müder und sinkst in einen tiefen und erholsamen Genesungsschlaf. Einige Stunden später erwachst du mit einem großartigen Gefühl der Erneuerung. Der Schnupfen ist noch nicht ganz verschwunden, doch du bist auf dem Weg der Besserung. Vollkommen ruhig und gelassen siehst du deinem morgigen Arbeitstag entgegen. Du weißt, dass alle Probleme bereits eine entsprechende Lösung beinhalten und blickst vertrauensvoll in deine Zukunft.

Der Engel
der Hingabe und des Loslassens

*Ich vertraue im Loslassen, um das Neue bewusst mit
  Herz zu empfangen.
Ich lasse alles Vergangene los und öffne mich der Weite
  des jetzigen Augenblicks.
Ich vertraue der All-Weisheit der Schöpfung und lasse
  los.*

In welcher Situation du dich gerade auch befindest, bejahe sie aus ganzem Herzen als Chance. Nimm sie mit allem Für und Wider an. Sträuben und Widerstand führen zu Druck und Energieverlust, rauben dir die Kräfte. Das, was kämpfen will, sich rechtfertigen will, ist dein Ego. Nur dieses kann dir ein Klein-Sein, ein Nicht-Wert-Sein vermitteln. Besinnst du dich auf dein wahres Selbst, dein göttliches ICH-BIN, segnest du all die Facetten, die sich dir zeigen. Das Gute wie das Schlechte, das Lichte wie das Dunkle. Und dann: Sei dankbar für diese Erfahrung und lasse los.

Alle Vorstellungen einer Lösung, einer Erwartung eines gerechten Weges, einer Bewertung und Verurteilung lasse los. Alle Aspekte verlieren an Kraft, schwinden zusehends dahin, lösen sich in der scheinbaren Leere auf. Erlebe diese Hingabe, diese Aufgabe in vollstem Vertrauen, nimm sie wahr mit deiner dir innewohnenden Allgegenwart.

In diesem Bereinigen und Loslassen wird ein geistiger, freier Raum geboren. Neue Perspektiven erstrahlen am Horizont in hellem Licht. Ein Vakuum an Möglichkeiten, das mit Kreativität und Schöpfergeist erfüllt werden kann. Das Alte – losgelassen und akzeptiert – ist dem Neuen gewichen. Das Neue – Teil deines unendlichen, schöpferischen Potenzials – darf sich formen, wachsen und zur Reife gelangen. Vertraue diesem Prozess. Vertraue deinem Weg. Vertraue im Loslassen, um das Neue bewusst mit Herz zu empfangen und zu leben.

Engel-Meditation

Achtsam atme ich durch die Nase ein,
Sauerstoff versorgt all meine Zellen
mit dem göttlichen Atem.

Langsam atme ich aus,
lasse Altes, Vergangenes los.
Alles strömt aus meinem Körper.

Ich atme ein – atme aus.
Ich nehme das Schöne und Wahre auf – ich lasse alles
    Vergangene los.
Ein ewiger Rhythmus pulsiert in meinen Zellen.

Ich bin ewiger Rhythmus im Einklang des Lebens.
Ich bin vollkommenes, ewiges Bewusst-Sein.
ICH BIN.

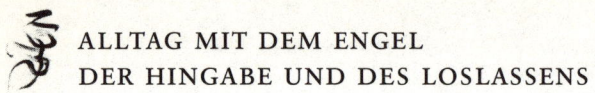

ALLTAG MIT DEM ENGEL DER HINGABE UND DES LOSLASSENS

Imaginationsübung: Eine mögliche Realität

Stell dir vor, du bist seit zehn Jahren im Einzelhandel als Angestellte/r im gleichen Betrieb tätig. Bereits seit einigen Jahren haben sich deine Interessen geändert und du besuchtest viele verschiedene Ausbildungsseminare in den Bereichen Massage, Ayurveda und Ernährung. Lange schon festigte sich in dir der Gedanke, eine eigene Massagepraxis zu eröffnen, um deinen sehnlichsten Wunsch, mit den Händen zu arbeiten und Menschen zu helfen, zu verwirklichen. Der menschliche Gewohnheitsdrang behielt jedoch bisher die Oberhand, und es fehlte dir an der zielstrebigen Umsetzung der erfüllenden Geschäftsidee.

Nun kam der gestrige Tag. Der Tag der Wahrheit. Dein Chef überreichte dir völlig überraschend die Kündigung, mit den Worten: »Es tut uns sehr leid, diesen Schritt durchführen zu müssen, aus wirtschaftlichen Gründen bleibt uns jedoch keine andere Wahl. Aus sozialer Sicht mussten wir uns gegen Sie entscheiden. Sie sind noch jung, kinderlos und haben mit Ihren Qualifikationen nach Ansicht der gesamten Geschäftsleitung die besten Chancen, sehr schnell wieder eine neue Arbeitsstelle zu finden.« Wumm! Das hat gesessen! Sofort stieg ein Bedürfnis des Aufbegehrens in dir hoch, wandelte sich über Ärger und Nicht-Wahrhaben-Wollen zu Traurigkeit und Ängstlichkeit. Am Abend ließest du dich vollkommen in diese Gefühle hineinfallen und nahmst die unangenehme

Situation an. Deine innere Engelsweisheit unterstützte dich und du spürtest und erkanntest plötzlich die unendliche Weite und die vielen Möglichkeiten, die dir nun offenstehen. Nie hättest du selber diesen Schritt gewagt, doch ein unbewusster Teil in dir hatte schon längst die Einwilligung zur Beendigung des bisherigen Arbeitsverhältnisses gegeben. Leicht und mühelos fielen dir in der Nacht viele schwere Steine in Form irgendwann übernommener Verantwortung von deinen Schultern. Am Morgen fühltest du dich wie neu geboren. Wie eine Zwiebel, die ihre sieben Schalen ablegte und nun ihr wahres Sein zum Vorschein kommen ließ. Bereits heute blickst du vertrauensvoll in deine Zukunft, voller Pläne und Ideen, wie sich eine eigene Praxis verwirklichen lässt. Die Höhe des Budgets, die Größe und Anzahl der Räume, die rechtlichen Grundlagen, deine Dienstleistungen und Angebote, die Zielgruppe, die du ansprechen möchtest, und so weiter. Viele konstruktive Ideen schwingen in deinen Gedanken mit, wollen zu Papier gebracht werden und in deiner realen Welt Gestalt annehmen.

Acht Monate später: Deine Praxis ist Wirklichkeit geworden. Alles lief wie am Schnürchen. Innerhalb von zwei Monaten hattest du die geeigneten Räume gefunden und mit Freude eingerichtet. Einfach, schlicht, sehr gemütlich und in wohltuender Atmosphäre. Deine Werbestrategien erzielten den gewünschten Erfolg, und immer wieder werden deine gute Arbeit und deine Freundlichkeit von deinen Kunden weiter empfohlen. Noch befindet sich deine Praxis im Aufbau, aber ein solider Grundstein ist gelegt.

Rückblickend auf dein bisheriges Leben hast du eins mit Sicherheit gelernt: das Loslassen. Auch im Umgang mit deinen Kunden zeigt sich diese Eigenschaft als deine wahre

Stärke. In den Gesprächen und Behandlungen lässt du einen »weiten, leeren Raum« zu, den der Kunde füllen darf und kann. Deine eigenen Vorstellungen vom Leben, von etwaigen Lösungen lässt du währenddessen los, in dem Wissen, dass jeder Mensch seine individuelle Lösung bereits mit sich bringt. Diese kann sich völlig von deiner eigenen unterscheiden. Die Hingabe und das Loslassen wandelten sich von anfangs unangenehmen Erfahrungen zu Lebendigkeit, Im-Fluss-Sein und zu einem deiner wichtigsten Ressourcen deines Lebens in der Selbstständigkeit.

Der Engel der Klarheit

Ich bin die Klarheit des reinen Geistes.
Klar erkenne ich die Reinheit meiner wunderbaren,
  unsterblichen Seele.
Klarheit, Stille und Liebe begleiten mich auf den
  Abenteuern meines Lebens.

Deine Klarheit ist eingetaucht in die Stille deiner Seele, klar wie ein Bergsee in der Ruhe der Morgendämmerung. Im Tau des Morgens spiegelt sich die Klarheit des Tages und der Himmel scheint sich mit der unbewegten Wasseroberfläche des Sees zu vereinen.

Ist Klarheit in dir, ist es dir möglich, den Himmel in der Wasseroberfläche als Einheit zu erkennen. Gespiegelt und doch eins, wie das Oben gleich dem Unten ist, und das Außen gleich dem ist, was in deinem Inneren ist. Klarheit und Stille bedingen einander.

Wirfst du einen Stein in einen See, verschwimmen die Bilder in den konzentrischen Kreisen des Wassers. Inwieweit sind diese »Kreise« in dir aktiv? Mit Emotionen, die dich aus deinem Zentrum, aus der Tiefe deiner Mitte entfernen, verwandelt sich deine Klarheit in verschwommene Wahrnehmung. Gefühle wie Aggression, Neid und Eifersucht ebenso wie überschießende Freude und »außer sich sein« weben einen nebelhaften Schleier in dein spiegelndes Bewusstseinsfeld. Unterscheide dabei deine Emotionen von den Gefühlen aus deinem Herzen. Die bedingungslose Herzensliebe ist rein und bringt Klärung in die dunkelsten Verwirrungen. Traurigkeit erfährt lichtvolle Heilung, wenn der Trauernde seinen Schmerz losgelöst in der Liebe seines Herzens wahrnimmt.

Gesellt sich zu Klarheit und Stille die Liebe, so gleicht dies der strahlenden und wärmenden Sonne, die sich in der reinen Oberfläche des Bergsees spiegelt. Das wahre Leben, das Entstehen und Werden aus den göttlichen Ufern nimmt seinen Lauf, dort, wo Anfang und Ende sich vereinen und Klarheit, Stille und Liebe geboren werden.

Engel-Meditation

Ich blicke in die Klarheit des Morgenhimmels.
Vögel tanzen singend einen Morgengruß,
in die Stille des keimenden Tages.

Das transparente Blau des Himmels
ruft mich zu den Tiefen meiner Seele.
Ich durchschreite ein inneres Tor
und befinde mich unter einem klaren Wasserfall.

Das Wasser der Klarheit fließt über meinen Scheitel in
  meinen Körper
und klärt alle trüben Erinnerungen meines Seins.
Jeder einzelne Wassertropfen reinigt die Vielfalt meines
  Geistes.
Ich erfahre die Reinheit meiner wunderbaren, unendlichen
  Seele.

Ich bin die Klarheit der reinen Quelle,
ich bin die Klarheit des ewigen Geistes,
ich bin die Klarheit in der Allgegenwart Gottes,
ICH BIN.

ALLTAG MIT DEM ENGEL DER KLARHEIT

Imaginationsübung: Eine mögliche Realität

Stell dir vor, es ist Wochenende und ein Tag mit deiner Familie liegt vor dir. Die erste Stunde des Morgens gehört dir ganz allein. Du begibst dich in das Meditations- und Ruhezimmer eurer Familie und praktizierst einige Qi-Gong-Übungen bei geöffnetem Fenster. Mit tiefen Atemzügen nimmst du die klare, erfrischende Morgenluft in deine Lungen auf und spürst diese reinigende und belebende Energie in deinem gesamten Körper pulsieren. Anschließend lässt du dich auf deinem Meditationskissen nieder. Seit einiger Zeit widmest du dich dem Thema der Klarheit. In deinem Inneren sucht etwas nach Antworten für die Zusammenhänge des Lebens und der damit verbundenen, individuell wahrgenommenen Realität. Du liest nun die Worte des Engels der Klarheit, die dazugehörige Meditation und lässt die Botschaft tief in dich hinein sinken. Daraufhin begibst du dich in die Stille, ohne etwas zu wollen oder zu erwarten. Die Klarheit geschieht einfach. Du kannst sie fühlen in Form von Energie, du kannst sie zum Beispiel sehen als ein klares Licht oder du kannst sie wahrnehmen als einen weiten, leeren Raum in dir. Wie immer die Klarheit sich zeigt, es ist eine sehr individuelle Wahrnehmung und Erfahrung. Nachdem du die Klarheit vollkommen in dir aufgenommen hast, ist es Zeit, die Meditation zu beenden. Du bist sehr konzentriert und ruhst in dir. Die Konzentration geschieht ganz leicht, ohne Anstrengung, sie ist ein Teil deiner Wahrnehmung.

In der Küche sind die Vorbereitungen fürs Frühstück bereits in vollem Gange. Die Kinder haben heute diese Aufgabe übernommen. Ihr Lachen lockt dich an, und du gesellst dich zu ihnen. Dein Sohn macht sich gerade daran, den kleinen Geschirrstapel vom Vortag abzuspülen. In dem Moment rutscht ein Topf in das Spülwasser und die Spüle, die Anrichte und der Fußboden verwandeln sich in einen kleinen See. Dein Sohnemann ruft sofort vorwurfsvoll: »... weil die Mama das Geschirr immer so dumm stapelt!« In deiner Ruhe und Klarheit überblickst du die Situation sehr gut. Während ihr zusammen das Malheur beseitigt, klärst du die Situation in einem ruhigen, liebevollen Ton. »Jeder hat seine ganz eigene Art, wie er bestimmte Arbeiten ausführt. Deine Mama stapelt das Geschirr auf diese Weise, du stapelst es auf eine andere. Keine Ausführung ist besser oder schlechter. Sie ist so, wie sie ist. Es gibt keinen Schuldigen oder jemanden, dem man die Schuld geben müsste. Es gibt nur eine Handlung und eine Folge der Handlung. Nun, der Topf ist in der Spüle gelandet und das Wasser ist übergelaufen. Auch das ist so, wie es ist. So etwas kann passieren und darf auch passieren. Es ist eine Handlung und die Folge davon war, dass das Wasser überlief. Jetzt geht es nur darum, die Verantwortung für das Geschehene zu übernehmen.« Lachend fügst du hinzu: »... und das tun wir bereits kräftig. Sieh mal, wie viel wir schon getrocknet haben und wie schön der Boden jetzt glänzt.«

Durch deine Klarheit und dein liebevolles Vorgehen ist sofort wieder Friede in der Küche eingekehrt. Du hast das Selbstwertgefühl deines Sohnes gestärkt und deinen Kindern ein Leben der Verantwortung in Leichtigkeit vorgelebt. Durch deine Klarheit und deine Liebe in deinem Herzen konntest du deine aufsteigenden Emotionen wie Ärger oder Ungeduld einfach ins Leere laufen lassen. Es gelingt dir von Tag zu Tag besser, die Klarheit als einen Teil deines Seins zu leben. Das Schöne daran ist, dass es einfach geschieht und sich mit Freude in dein Leben integriert.

Der Engel der Kommunikation

*Ich kommuniziere aus dem Zentrum meines liebenden
   Herzens.
Mein Denken, Fühlen und Handeln kommunizieren in
   Freude und Harmonie.
Ich erfreue mich an der Kommunikation mit meinem
   göttlichen ICH BIN.*

Das gesamte Universum »kommuniziert«, alles steht in ständigem Austausch miteinander. Ebenso der Mensch, der Informationen jeglicher Art transportiert. Das, was du denkst, wird zur Sprache, was du sprichst, wird zum Tun, was du tust, wird zu deinem Schicksal und was du Schicksal nennst, ist die Schöpfung aus deinem Geiste.

Die Kommunikation bedient sowohl des Geistes, als auch der Empfindung, der Körpersprache und des gesprochenen Wortes. Alle diese Ebenen bilden eine harmonische Einheit, wenn die Worte den Gedanken und Gefühlen entsprechen und dein Körper eine adäquate Haltung dazu einnimmt. Dieses »Gesamtpaket« ist deine persönliche Eintrittskarte zu den Türen aller Menschen und kann von dir immer wieder unter die Lupe genommen werden. Lebe authentisch, sei ehrlich mit dir. Sprichst du aus, was du denkst? Sind deine Gefühle im Einklang mit deinen Worten?

Bevor der Verstand nun Kapriolen schlägt, um all diese Verhaltensweisen zu ergründen, rate ich dir: Bediene dich deines Herzens. Kommuniziere aus dem Zentrum deines liebenden und mitfühlenden Herzens und die Harmonie von Denken, Fühlen und Handeln stellt sich automatisch ein.

In jeder Kommunikation steckt das Bedürfnis nach Liebe, denn das ist des Menschen ursprünglicher Wesenskern. Die Kommunikation verbindet die Menschen und gibt ihnen das Gefühl von Nicht-Alleinsein. Sobald sich dein Herz bewusst mit Gott verbindet, enttarnt sich die Einsamkeit als große Illusion. In der inneren Kommunikation mit deinem göttlichen Wesensanteil wandelt sich deine persönliche energetische Signatur im Außen zu mitfühlender Liebe, unendlicher Fülle und grenzenloser Kraft. Ein gesegnetes Feld, das beglückende Erfahrungen zur Ernte bereithält.

Engel-Meditation

*Ich bin eingebettet in ein funkelndes Licht
und spüre, wie es mich trägt und hält.
Aus meinem Herzen sende ich Lichtstrahlen
zu den Herzen meiner Familie, der Freunde und
   Bekannten,
ebenso zu meinen »Feinden« und weniger geliebten
   Menschen.*

*Langsam bildet sich ein strahlender, multidimensionaler
   Stern
aus liebevollem Licht.
Manche öffnen ihre Herzen, manche nicht.
Ohne Erwartung beobachte ich die vibrierenden Straßen
   des Lichts,
die uns miteinander von Herz zu Herz verbinden.*

*Die strahlende Formation dehnt sich aus über alle Dörfer,
   Städte und Gemeinden,
zu den Menschen, Tieren und Lebewesen der Länder und
   Kontinente.
Räume öffnen sich von der Erde zu den Planeten und
   Sternen
und bejahen die universelle Kommunikation in der
   liebenden Ewigkeit des Seins.
ICH BIN.*

ALLTAG MIT DEM ENGEL DER KOMMUNIKATION

Imaginationsübung: Eine mögliche Realität

Angenommen, deine Großtante hat dir überraschend ein Zweifamilienhaus vererbt. Alle Angehörigen sind sehr erleichtert, dass die Wahl auf dich gefallen ist. Doch das Haus befindet sich in einem sehr renovierungsbedürftigen Zustand. Das bedeutet große Investitionen, viel Arbeit und wenig Zeit für das eigentliche Leben. Alle Verwandten bestehen fest darauf, dass du das Erbe annimmst, damit der Besitz nicht in fremde Hände fällt. Was für ein Beweggrund! Erschöpft bittest du um Bedenkzeit und ziehst dich zurück.

In der Ruhe, frei von jeglicher Beeinflussung, wird dir unmissverständlich klar, dass du keiner Pflichterfüllung unterliegst. Verantwortlich bist du ausschließlich dir selbst gegenüber. Dieses Haus wäre eine große finanzielle Belastung. Der damit einhergehende seelische Druck würde aus deinem bisher sehr kreativen, leichten und fröhlichen Leben eine anstrengende Pflichtkür machen. Deine Entscheidung ist gefallen. Doch wie vermittelst du die Ablehnung des Erbes deinen Verwandten? Du bittest den Engel der Kommunikation um Hilfe. Die nonverbale Kommunikation spielt eine wichtige Rolle, wenn es darum geht, sich auf friedvollem Wege mitzuteilen. Die Meditation mit dem Engel der Kommunikation bringt dich in einen freien und leichten Zustand. Du spürst die Herzensverbindung zu allen Beteiligten und verankerst dieses leuchtende und positive Energiefeld in deinem Herzen.

Immer wieder erfährst du in der schöpferischen Imagination, wie du in aller Ruhe deinen unwiderruflichen Entschluss mitteilst. Du sprichst dabei aus dem Zentrum deines Herzens über deine Beweggründe, über deine eigenen Gefühle und Bedürfnisse und über die der Beteiligten. Abschließend visualisierst du ein weites, strahlendes Energiefeld möglicher Lösungen, das durch die friedlichen und ideenreichen Gespräche aller entsteht.

Nach dem spielerischen Umgang mit dem Engel der Kommunikation hast du wieder festen Boden unter den Füßen und bittest deine Verwandten zu einem Treffen. Mit klaren und einfühlenden Worten erklärst du deine Situation. Du kannst während der Erläuterungen deine positive energetische Signatur wahrnehmen und hast das Gefühl, als breite sie sich im ganzen Raum aus. Dadurch gelingt es dir, deinen Fokus klar und deutlich auf deinem Ziel zu halten und die Gruppe zu einem konstruktiven Miteinander zu bewegen. Mittlerweile werden in gemütlicher Atmosphäre Lösungsansätze diskutiert, manches wird wieder verworfen und ständig kommen neue Gedanken hinzu. Im Gedenken an die verstorbene Großtante dankst du für die positive Wende. Fröhlich wendest du dich innerlich dem Engel der Kommunikation zu und dankst auch ihm für seine Unterstützung. Als eingespieltes Team begleitet ihr die kreativen Eingebungen mit lachenden Herzen und sorgt dafür, dass es ein unvergesslicher Abend wird.

Der Engel der Kraft und Stärke

*Meine weise angewandte Kraft erschafft unbegrenzt
nach dem göttlichen Willen.
Mit beiden Beinen stehe ich kraftvoll in meinem Leben.
Ich bejahe meine universelle Kraft und Stärke und setze
sie liebevoll ein.*

Kraft und Stärke sind ein Segen der Schöpferischen Quelle, sobald du dich ihrer wieder erinnerst. Weise angewandt, mittels der Liebe deines Herzens, verfügst du über eine Kraft, die alles ermöglicht und alles erschaffen kann.

Manchmal gibt es Zeiten, die genau das Gegenteil offenbaren. Ausgelaugt, von den vielen Anforderungen des Alltags, erfährst du eine Anstrengung nach der nächsten. Stopp! Das Alarmsignal der Körper- und Seelenweisheit leuchtet. Beachte die wertvollen Signale deines Organismus und folge ihnen. Nimm dich zurück, halte Einkehr in den Räumen deiner Stille. Komme wieder ganz zu dir, spüre dich. Inwieweit hast du deine Kraft abgegeben? Schätztest du andere Menschen viel wichtiger als dich selbst? Konntest du Nein sagen, wenn ein Nein angebracht war? Ob du dich erniedrigst oder überhebst, in beiden Fällen dienst du der Schwäche und nicht deiner Wirklichkeit.

Du bist Bewusstsein. Nimm es wahr, fühle es mit jedem deiner Atemzüge. Im vollen Gewahrsein deiner Wirklichkeit wandelt sich Schwäche zu Stärke, Konfusion zu Klarheit und Krankheit zu Gesundheit. Richte dich auf zu deiner vollen Größe, spüre, wer du bist, und setze deine Kraft und Stärke mit Weisheit ein – für dich, für deine Mitmenschen und deine Umwelt.

Engel-Meditation

*Die rubinrote Kraft von Mutter Erde strömt
langsam durch meine Fußsohlen ein, und fließt aufwärts
 über meine Beine
und dem Steißbein zu meinem Rücken. Sie verteilt sich
 weiter
über meinen Nacken und Hinterkopf bis zu meinem
 Scheitel.*

*Ich spüre die rubinrote Kraft der Erde tief in mir.
In meinem Kronenzentrum vereint sich die rubinrote
 Erdenkraft
mit der goldenen Kraft des Himmels.
Die Schöpfungskraft des Geistes findet in mir Vollendung.*

*Die goldene Kraft des Himmels fließt langsam über meine
 Stirn
und meinen Hals abwärts zum Herzzentrum in der
 Brustmitte.
Von dort strömt sie vom Solarplexus, über die Blase
und die Vorderseite der Beine wieder zurück zu den
 Fußsohlen.*

*Ich spüre die goldene Kraft des Himmels tief in mir.
In meinem Erdenzentrum vereint sich die goldene
    Himmelskraft
mit der rubinroten Kraft der Erde.
Die Schöpfungskraft der Materie findet in mir Vollendung.*

*Abschließend lenke ich meine Aufmerksamkeit auf mein
    Herzzentrum,
Das Bindeglied meiner geistigen und materiellen
    Schöpfungskraft.
Allumfassende Liebe verströmt sich endlos aus meinem
    Herzen.
Ich bin Meister meines vitalen Lebens und schöpfe
aus meiner überquellenden, liebenden Kraft.*

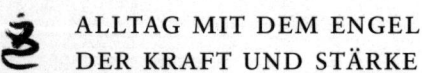

ALLTAG MIT DEM ENGEL DER KRAFT UND STÄRKE

Imaginationsübung: Eine mögliche Realität

Stell dir vor, du bist in den Vorbereitungen zu einem Vortrag vor etwa 50 Personen. Du erinnerst dich an deine erste öffentliche Veranstaltung vor etwa einem Jahr. Anfangs lief alles sehr gut, die Zuhörer waren interessiert, arbeiteten mit und stellten Fragen. Dein fundiertes Wissen und die sympathische Art deiner Persönlichkeit trugen zum Erfolg des Vortrages bei. Kurz vor Schluss fiel dir jedoch jemand mit vehementer Stimme ins Wort und erklärte klar und deutlich eine Gegendarstellung zu deiner These. Du hattest das Gefühl, als würde dir der Boden unter den Füßen weggezogen. Obwohl es kein Problem gewesen wäre, beide Thesen zu vereinen beziehungsweise sie nebeneinander im Raum stehen zu lassen, gingst du in die Erfahrung des Opfers, das seine ganze Kraft abgegeben hatte. Mit Mühe fandest du noch einige abschließende Worte und beendetest den Vortrag. Die Zuschauer waren begeistert, hatten von deinen Gefühlen nichts bemerkt, doch dir blieb ein kleiner, bitterer Nachgeschmack zurück. Dir war bewusst, dass dieser Vorfall ein Hinweis in deinem Leben war, dir die oft gelebte Opferrolle anzuschauen und deine eigene Kraft und Stärke anzunehmen und zu leben.

Du batest daraufhin den Engel der Kraft und Stärke in dir um Hilfe und erinnertest dich immer wieder an dein wahres Sein. Immer wieder spürtest du die Kraft der Erde und des Himmels in dir. Du warst bereit, die volle Verantwortung für dein Leben zu übernehmen und deine eigene Stärke anzunehmen. Die Rolle des Opfers hast du lange genug gespielt. Du fasstest den Entschluss, dieses Drama als Meister in deinem Leben nicht mehr zu benötigen. Die Kraft, die sich immer mehr in dir zeigte, war eine Kraft der Weisheit und der verbindenden Liebe, nicht des Konkurrierens oder Kräftemessens. Es dauerte einige Zeit, bis die damalige Erfahrung nur noch ein Hauch einer Erinnerung in deinem Gewahrsein war. In vielen kleinen Alltagssituationen konntest du immer wieder erfahren, wie sich Kraft und Stärke als Teile deiner Selbst zeigten und in dir ausbreiteten.

Heute stehst du nun erneut am Rednerpult, mit ganz anderen Voraussetzungen als vor einem Jahr. Du hast aus deiner vergangenen Erfahrung gelernt. Gelassen, mit unerschütterlicher Ruhe stehst du vor dem Publikum und bringst ihnen das jeweilige Thema näher. Deine Ausführungen wirken lebendig erfrischend und manch heiterer Witz kommt über deine Lippen. Das Publikum bedankt sich mit einem kurzen Zwischenapplaus für eine humorvolle Einlage. Dann der entscheidende Moment. Wieder erhebt sich jemand mit autoritärer Stimme und erläutert seine Ansicht. Blitzgedanken tauchen in dir auf: »Nicht schon wieder! Das darf doch nicht wahr sein, es lief gerade so gut ...« Im Bruchteil einer Sekunde verbindest du dich mit den Kräften der Erde, atmest in der Vorstellung nach unten bis zu deinen Füßen ein, während du, wieder ruhig geworden, den Worten des Zuschauers lauschst. Die »Entgleisung« dauert nur Sekunden und deine Kraft ist wieder unerschütterlich in dir. Als du erneut das Wort ergreifst, erklärst du in Ruhe den Sachverhalt aus deiner Sicht und bedankst dich bei dem Redner aus dem Publikum für seinen interessanten Beitrag.

Zu Hause bedankst du dich bei dir für deinen Umgang mit dem Leben und dafür, dass du deine Unsicherheiten und Schwächen nicht als Fehler betrachtest, sondern als willkommene Hilfestellungen und Wegweiser. Du lachst im Badezimmer fröhlich deinem Spiegelgesicht entgegen: »Gut gemacht – so macht das Leben wirklich Spaß!«

Der Engel der Kreativität

*Ich schöpfe aus den unversiegbaren Quellen meines
   göttlichen Potenzials.
Mit Freude bringe ich meine persönlichen Gaben zum
   Ausdruck.
Ich bin der lebendige Ausdruck kreativer Möglich-
   keiten.*

Betrachtest du das Wort Kreativität gemäß seines lateinischen Ursprungs *creare*, offenbart sich seine umfassende Bedeutung. Creare heißt »erschaffen, schöpfen«. Du schöpfst aus den unbegrenzten Quellen deines göttlichen Ursprungs und erschaffst dadurch Elemente der Materie, des Gemütes und des Geistes neu. So erfährst du dich als Ausdruck und Manifestation der Einen Kraft. Habe den Mut, dein schöpferisches Potenzial zu verwirklichen. Spüre deine innere Weisheit. An welchen Aspekten hast du Freude? An Klängen oder Farben, am geschriebenen Wort, am kreativen Ausdruck über deine Hände? Befreie dich von eigenen Beurteilungen oder den Bewertungen anderer. Es geht nicht darum, Anerkennung für deine Werke zu erhalten, sondern die spielerische Freude und die erfrischende Lebendigkeit während des Gestaltens zu entdecken. Ein kreatives Leben ist voller Erfüllung und Zufriedenheit und kann sich in den kleinsten Dingen äußern: in originell zubereiteten Speisen, einem bunt gestalteten Garten oder in einer gemütlichen Wohnungsdekoration. Experimentiere mit deinen Möglichkeiten. Kaufe dir Finger- oder Acrylfarben und beginne gestaltlos zu malen. Suche einen Chor in deiner Nähe, nimm Gitarrenunterricht, nimm an einem Holzschnitzkurs teil, tanze allein oder in einer Gruppe, beginne Tagebuch, Gedichte und Geschichten zu schreiben … Deinen Ideen sind keine Grenzen gesetzt, solange sie dir Freude bereiten und selbstverständlich die Grenzen anderer Menschen wahren. Sowohl der Verstand als auch der Perfektionismus drücken auf die Bremsen deines Schaffungsprozesses, sei dir dessen bewusst. Beginne jetzt, wirf deine Zweifel über Bord und erfreue dich an deiner kreativen Kommunikation mit deinem Selbst.

Engel-Meditation

*Ich befinde mich im Zentrum eines funkelnden
   Sonnenballs
und spüre, wie mich viele einzelne Wärmestrahlen
   durchleuchten.
Jeder Strahl ist mit unterschiedlichen kreativen Eigenschaften verbunden,
und ich entscheide mich jetzt, nacheinander die einzelnen
   Aspekte zu erfahren.*

*Der kreative Strahl des Klanges dringt in mein Bewusst-
   sein.
Wunderbare Töne dringen an mein Ohr und pulsieren
   harmonisierend in meinem Körper.
Das Geheimnis des Klangs offenbart sich in mir; ich danke
   den Klängen für ihre Botschaft.*

*Der kreative Strahl der Farben dringt in mein
   Bewusstsein
und ich fühle, wie mich Strahlen in den Farben des Regenbogens berühren,
rot, gelb, orange, grün, blau, indigo und violett.
Sie senden heilende Botschaften und ich danke der Offen-
   barung der Farben in mir.*

Nach und nach lasse ich mich auf weitere kreative Strahlen ein,
mit Eigenschaften, die mir augenblicklich in den Sinn kommen.
Tief in mir spüre ich die Essenz des jeweiligen kreativen Ausdrucks
und weiß, ob sie mir Freude bereiten und mein Leben bereichern wird.

Ich schöpfe aus den unversiegbaren Quellen meines göttlichen Potenzials.
Ich bin der lebendige Ausdruck kreativer Möglichkeiten.
Ich bin ein gewollter Teil der Schöpfung.
ICH BIN.

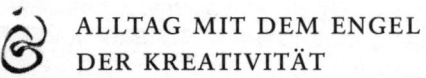

ALLTAG MIT DEM ENGEL DER KREATIVITÄT

Imaginationsübung: Eine mögliche Realität

Stell dir vor, du liegst gemütlich auf deiner Couch, das Engelbuch in deinen Händen. Du bittest um eine Botschaft, die für dein Leben jetzt hilfreich ist, und schlägst intuitiv eine Seite des Buches auf. Mit Erstaunen blickst du auf die Kalligraphie des Engels der Kreativität. Das hattest du nicht erwartet, dennoch vertraust du deiner inneren Weisheit und öffnest dich für die wegweisenden Worte dieses Engels. In der Kontemplation mit der Kalligraphie eröffnet sich dir die persönliche Bedeutung. Verwundert nimmst du zur Kenntnis, dass der kreative Aspekt bisher in deinem Leben wenig Platz hatte. Tatsächlich spürst du in der folgenden Meditation mit dem Engel der Kreativität, dass da etwas in dir ist, das sich ausdrücken möchte, ja sogar förmlich danach drängt. Du kannst es noch nicht genau zuordnen, doch das spielt keine Rolle. Kreativität lässt sich auf vielfältige Weise erleben. Der Entschluss ist gefasst: Du entscheidest dich für deine schöpferische Kraft. Vertrauensvoll legst du diese Entscheidung in die Hände des Engels, mit der Bitte, dich zu den geeigneten Ausdrucksformen zu führen. Gespannt und mit großer Vorfreude blickst du deiner Zukunft entgegen. Welche Möglichkeiten werden sich wohl zeigen?

An einem Wochenende ruft dich der warme Sonnenschein an die frische Luft. Viele Menschen hatten den gleichen Gedanken. Fahrradfahrer, Spaziergänger und spielende Kinder fügen sich harmonisch in das Grün eines nahe gelegenen Parks ein. Eine sonnige Parkbank lädt zum Verweilen ein. Mit geschlossenen Augen lauschst du dem Lachen der spielenden Kinder. Fröhlich denkst du an die Tage deiner Kindheit, als die bunten Blätter eines Herbstwaldes noch ein großes Wunder waren und du dich stundenlang mit ihnen beschäftigen konntest. Plötzlich schießt ein Gedanke in deinen Kopf: Collage! Ja, das würde dir jetzt Freude bereiten, aus den Geschenken der Natur eine Collage zu basteln. Deine Gedanken sprudeln über. Du könntest Steine, Rinden, Äste,

Blumen, Moose und Gräser verwenden. Und Fotoausschnitte von Menschen, die sich in der Natur bewegen – das wäre eine wunderbare Ergänzung. Und passende, aufbauende Worte, Sprüche oder Gedichte. Eigentlich könntest du zu jeder Jahreszeit eine Collage bilden und sie in deinem Haus abwechselnd aufhängen. Wenn dir im kalten Winter nach Sommer zumute ist, dekorierst du ein Zimmer einfach mit einer Sommer-Collage. Vielleicht als Blickfang mit einer großen leuchtend-gelben Sonnenblume im Zentrum, deren Farbe allein bereits wohlige Wärme und pure Freude symbolisiert. Fröhlich machst du dich auf den Weg, um deine vielen Ideen umzusetzen. Verschmitzt sendest du ein großes Dankeschön an deinen Engel der Kreativität. Du wusstest nicht, dass schöpferisches Tun so leicht sein kann und vor allem so viel Freude bereitet. Wie ein Kind freust du dich über die schönen Kieselsteine, die in Gedanken bereits deine große Frühlings-Collage zieren. Und dieses herrliche weiß-blaue Wolkenspiel am Himmel! Du spürst, dass dieses Erleben erst der Beginn deiner gelebten Kreativität ist. Alles begann mit der bewussten Entscheidung für die eigene Kreativität. Was für eine mächtige Schöpfungskraft in den individuellen Gedanken und Worten liegt. Nochmals bedankst du dich für die wichtigen Erkenntnisse an diesem sonnigen Frühlingstag.

Der Engel der Leichtigkeit

Ich lebe jetzt leicht und frei.
Ich bin fröhlich, beschwingt, leicht und frei.
In Leichtigkeit tanze ich mit den Elementen des
    Himmels und der Erde.

Die Leichtigkeit ist eine segensreiche Eigenschaft. Sie verhilft dir, den richtigen Weg zu gehen und dich an Situationen anzupassen, die sowieso nicht zu verändern sind. Auf einfache und sanfte Weise erreichst du die Ziele, die deine Seele dir weist.

Überprüfe deine Lebensweise. Wie viel Gepäck aus vergangenen Zeiten trägst du auf deinen Schultern? Erschwerende Gedanken aus deiner Kindheit, emotionelle Krisen deiner Jugend oder vor kurzem erlebte Verwicklungen? Wie viel Gepäck anderer hast du aus Gutmütigkeit übernommen? Das Leiden deiner Eltern, die Sorgen um deine Kinder oder die globale Umweltverschmutzung? Wirf deine Gedanken an die Vergangenheit über Bord. Sie sind Teil von gestern und heute ist ein neuer Tag. Ein neuer Tag, den du JETZT erfüllen kannst mit Freude und sinnvollem Erleben des Augenblicks. Erlebst du Disharmonie in dir oder in deiner Umgebung, so sei dir gewiss: Die Disharmonie enthält die noch nicht gelebte, aber sehr wohl vorhandene Harmonie. Der Hass enthält die ungelebte Liebe und der Streit den ungelebten Frieden. Dies ist ein universelles Gesetz: In allem, was du wahrnimmst, ist das Gegenteil bereits vorhanden. So auch in jedem Problem die Lösung. Das Umsetzen und Anwenden dieses Gesetzes hat sprühende Leichtigkeit und Frohsinn zur Folge. Bist du im Streit mit jemandem, bejahe täglich den göttlichen Frieden in euch beiden. Lass dich überraschen, wie schnell sich originelle Lösungen zeigen werden. Dein Leben darf von jetzt an leicht wie eine Feder sein, die sich vom erfrischenden Sommerwind tragen lässt und mit den Elementen des Himmels und der Erde tanzt.

Engel-Meditation

Ich stehe am Fuße einer strahlend weißen Treppe, die in den blauen Himmel führt.
Ich betrete die erste Stufe der Ruhe und atme sie in mein ganzes Wesen.
Auf der zweiten Stufe lade ich mein schweres Gepäck von meinen Schultern
und übergebe es in die Hände des Engels der Leichtigkeit.

Seite an Seite steigen wir gemeinsam Stufe für Stufe nach oben
und mit jedem Schritt offenbart sich mehr und mehr die Leichtigkeit in mir.
Mit dem lächelnden Engel an der Hand beginne ich beschwingt zu fliegen
und genieße die Freiheit und Unbeschwertheit in vollen Zügen.

Der Engel der Leichtigkeit zeigt mir nach und nach Bilder meines Lebens,
die der Leichtigkeit und der liebevollen Annahme bedürfen.
In jede Situation fließt die segnende, weiß-golden schimmernde Energie der Leichtigkeit ein
und verankert das klärende Licht und die heilende Liebe.

Ich danke dem Engel der Leichtigkeit aus der Tiefe meiner Seele.
Die fröhliche Leichtigkeit, das göttliche Licht und die Liebe sind nun meine Begleiter
und weisen meinem irdischen Dasein einen freudvollen Weg.
Ich lebe jetzt leicht und frei!

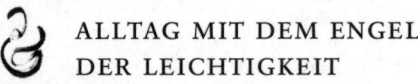

ALLTAG MIT DEM ENGEL DER LEICHTIGKEIT

Imaginationsübung: Eine mögliche Realität

Angenommen, du erwachst an einem regnerischen Tag, an dem dir eine lange Flugreise und ein Schiffstransfer bevorstehen. Wie lange hattest du gezögert, diese Entscheidung zu treffen? Ein halbes Jahr als Wellnesstrainer in einem Ferienhotel der Karibik, mit möglicher Aussicht auf Verlängerung des Vertrages. Dein erster Gedanke an diesem Tag: »Na das fängt ja gut an! Als wenn der Himmel alle Schleusen geöffnet hätte, um mir den Tag zu erschweren ... Stopp!« Unmittelbar werden dir deine negativen und belastenden Gedanken bewusst. Du bittest den Engel der Leichtigkeit, den Engel des Segens und den Engel des Neubeginns um Unterstützung für den heutigen Tag und das kommende halbe Jahr. Aus deiner kraftvollen ICH-BIN-Gegenwart segnest du den Anreisetag mit augenblicklich und zu jeder Zeit wirkender Leichtigkeit und Freude. Es dauert nicht lange und ein Energiefeld der spielerischen Leichtigkeit dehnt sich von deiner Mitte in einem weiten Radius um dich aus. Du fühlst dich frei und unbeschwert. Die Reise kann beginnen.

Fröhlich machst du dich auf den Weg zum Flughafen. Deine Einstellung zu deinen Veränderungen ist die eines Gewinners. Dir kann nur das Gute widerfahren und wenn das scheinbar Negative auf dich zukommt, siehst du trotzdem das noch versteckte Gute darin. Und so geschieht es auch. Dein Taxi gerät in einen Stau, doch du vertraust der Leichtigkeit in dir. Ein Telefonat mit dem Informationsschalter des Flughafens bestätigt dir die Verspätung deines Flugzeuges. Lauthals beginnst du über die Synchronizität zu lachen: Dein Taxi verspätet sich und ebenso dein Flugzeug. Die Frage des Taxifahrers nach dem Grund deiner Heiterkeit ist der Beginn eines anregenden und interessanten Gespräches – von der Kraft der Imagination über die segensreichen Engel zu den alten Mystikern und deren bereicherndem Wissen aus der Vergangenheit. Anstatt nun in einer lauten und überfüllten Wartehalle auszuharren, sitzt du in einem Taxi, einen warmen Tee aus der Thermoskanne in der Hand, und tauschst dich mit dem Fahrer über deine Erfahrungen mit den Engeln aus. Wiederholt sendest du an deinem Anreisetag ein beherztes Dankesgebet an den Engel der Leichtigkeit. Du erreichst frei von jeder Anspannung dein Flugzeug und freust dich auf das Gefühl, bald ein Teil der Luft zu sein. Über den Wolken führst du mit geschlossenen Augen die Meditation mit dem Engel der Leichtigkeit durch. Du kannst die Unbeschwertheit und Freude körperlich in jeder einzelnen Zelle spüren. Begleitet von deinem lichtvollen Engel fliegst du zu den Bildern deiner nahen Zukunft und siehst, wie dein dortiges Leben durchdrungen und eingehüllt ist in die weiß-golden schimmernden Energiestrahlen der Leichtigkeit und Freude. Die Zeit vergeht sprichwörtlich wie im Fluge und du genießt jeden Augenblick in vollen Zügen. Dir strahlt die Leichtigkeit und Freude aus allen Poren und so begegnen dir an diesem Tag ebenso freundliche Menschen. Die positive Resonanz auf dein Sein ist einfach großartig. Die Krönung dieses unbeschreiblichen Tages jedoch ereignet sich auf der Überfahrt zu der Insel, die dich für sechs Monate beheimaten wird. Du befindest dich an Deck an frischer Luft, versenkst deinen Blick in das blau glitzernde Meer und lässt dir den Wind um die Nase wehen. Plötzlich tauchen in deinem nahen Blickfeld acht Delphine auf, die spielend mit den Bugwellen mit schwimmen. Immer wieder tauchen sie an der Oberfläche auf, als wollten sie dich in deinem neuen Leben der Leichtigkeit begrüßen. Glückstränen glitzern in deinen Augenwinkeln und fröhlich sendest du ihnen einen Dankesgruß aus deinem Herzen. Das Leben der Leichtigkeit ist jetzt!

Der Engel des Lichts

*Ich bin die lichtvolle Verbindung zwischen Himmel und
   Erde.
In meiner göttlichen Lichtkraft lösen sich alle Sorgen
   auf.
Strahlend bejahe ich mein sonnenhaftes Wesen.*

Licht verkörpert eine alles erleuchtende, heilende Kraft. Es durchdringt alle Schatten und erhellt selbst die dunkelsten Räume.

Stelle dir zwei nebeneinander liegende Räume vor, die mit einer Tür in der Mitte verbunden sind. Der eine Raum ist strahlend, voller Licht, der zweite abgeschottet, vollkommen dunkel. Die Tür öffnet sich. Was geschieht? Der Raum des Lichts bleibt unverändert, keine Dunkelheit kann sich dort ausbreiten. Der Raum der Dunkelheit jedoch wird von einem Lichtstrahl erhellt. Lautlos weicht die Dunkelheit dem Licht.

Alles, was existiert, trägt das Licht des Schöpfers in seinem Herzen. Manchmal mögen dunkle Erfahrungen das Herz verschließen, vielleicht sogar eine Mauer darum errichten. Doch jetzt ist die Zeit des Lichts und der Offenheit gekommen.

Ein jeder möge die Türen seines Herzens nun weit öffnen und das Licht des Einen hervortreten lassen. Das göttliche Licht heilt alle Blockaden in deinem Körper, verwandelt schmerzvolle Emotionen in Liebe und richtet dein Denken auf die allumfassende Weisheit der ICH-BIN-Gegenwart aus.

Lichtvoll ist dein umfängliches Sein und dein Ursprung. Alles Übrige ist Illusion, eine Spiegelung der Erfahrungen, die in dein Leben treten und eine Spiegelung der Rollen, die du gerade spielst. Spiegelungen scheinen mit dem Original identisch und sind doch nur Abbilder der Realität. Dein Licht in dir ist immerwährend. Es überdauert alle Zeiten, alle Leben und alle deine Ausdrucksformen. Sei dir deines Lichts für immer gewahr, rücke es in das Zentrum deines Denkens und lasse es frei.

Engel-Meditation

Ich stehe im Inneren einer Glas-Pyramide.
Die Spitze ist über meinem Kopf ausgerichtet.
Mit meinen Füßen verankere ich mich mit der Basis,
ich bin fest und innig mit Mutter Erde verbunden.

Der erleuchtende Strahl des Sonnenengels dringt über die
Pyramidenspitze durch meinen Kopf in meinen Körper.
Das weiß-goldene Licht durchflutet langsam meinen
    Organismus
und strahlt über meine Wirbelsäule, meine Beine und Füße
    in die Erde.

Ich spüre den zeitlosen Kreislauf des ewigen Lichts
in mir, in allem, was war, und in allem, was sein wird.
Ich bin die lichtvolle Verbindung zwischen Himmel und
    Erde,
Geist und Materie, Gedanke und Handlung.

ICH BIN.

ALLTAG MIT DEM ENGEL DES LICHTS

Imaginationsübung: Eine mögliche Realität

Stell dir vor, das göttliche Licht ist dir bereits sehr vertraut geworden. In deinem Alltag gibt es immer wieder Momente, in denen du die allumfassende Lichtkraft des Schöpfers wahrnimmst. Manchmal sind diese Augenblicke nur von kurzer Dauer, unmittelbar, nur im Jetzt. Dann, wenn der Geist die Gedanken einfach vorüberziehen lässt, ohne sich mit ihnen auseinanderzusetzen, dann spürst du das Licht in dir und in jeder dich umgebenden Existenz. Jenes Licht, das nicht das Gegenteil der Dunkelheit ist. Jenes Licht, in der keine Dualität von Licht und Schatten existiert und das jede Dunkelheit zum Schmelzen bringt.

Du erkennst das alles verbindende Licht bereits am Morgen in den zwitschernden Vögeln, die den beginnenden Tag mit ihren Gesängen erfreuen. Immer mehr gelingt es dir, das göttliche Licht auch in den scheinbar unangenehmen Dingen, Tieren und Menschen zu sehen. In den Spinnen, Regenwürmern und Kellerasseln, selbst in Menschen, die gerade jähzornig, aggressiv oder mufflig sind. Das ist nicht einfach, funktioniert jedoch immer besser.

Jeden Tag neu setzt du in deiner Morgenmeditation die Absicht, das Licht in allem Existierenden zu erkennen. Du beginnst bei dir selbst. Dein Sein ist reinstes Licht. Dein Körper ist lichtvoll, jedes einzelne Organ, die Millionen Zellen deines Körpers, jedes einzelne Haar auf deinem Kopf ...

Manchmal scheint ein Körperteil erkrankt zu sein, doch auch dieses nimmst du in seine stärkende und heilende Lichtkraft eingehüllt und von ihr durchdrungen wahr.

Die Meditation und die Beschäftigung mit dem Engel des Lichts verhelfen dir zu einer weit reichenden Erkenntnis: In Wirklichkeit gibt es keine Trennung zwischen dir und der Lichtkraft Gottes. Du bist dieses Licht schon immer gewesen und wirst es immer sein. Es gibt demnach auch nichts zu tun, um dieses reine Leuchten zu sehen oder gar zu verstärken. Nimmst du es an manchen Tagen nicht wahr, so ist es deswegen nicht minder strahlend und rein. Du hast es in diesen Momenten nur nicht in deinem bewussten Gewahrsein.

Manchmal gehst du absichtlich in der Nacht ins Freie, um auch in der Dunkelheit das Licht zu erfahren. Anfangs steigen in der menschenleeren Umgebung Ängste hoch, die sich jedoch auflösen, wenn du deinen leuchtenden Ursprung erkennst. Einmal begegnest du abends einem Obdachlosen, der sich auf der Suche nach einer Parkbank befindet. Früher hätte sich ein mulmiges Gefühl in dir breit gemacht, mutterseelenallein draußen in der Nacht. Deine Gedanken wären auf die Welle der Vorurteile und Verurteilungen aufgesprungen. Durch das Bewusstsein des Lichts in dir hat sich jedoch eine große Wandlung vollzogen. Aus lichtvollen Augen blickst du dem Mann entgegen und erkennst die vielen seelischen Verletzungen und die Traurigkeit in der Tiefe seiner Seele, die ihn zu dieser Lebensweise geführt haben. Mit großem Mitgefühl in deinem Herzen grüßt du ihn und siehst das immerwährende Leuchten in seinem Herzen. Bereits an ihm vorbei, hörst du ihn mit Erstaunen zu sich selber sprechen: »Die/der hat mich tatsächlich gegrüßt!« Der Abendspaziergang hat dir gut getan, mittlerweile liegst du in deinem Bett und erinnerst dich nochmals an die Begegnung mit dem Obdachlosen. Ein tiefes Gefühl der Dankbarkeit für deine Reaktion stellt sich ein. Wer weiß, was dieser kurze Augenblick des mitfühlenden Lichts und der Wertschätzung für diesen Mann bewirkte. Ein Dank auch an deine gute Unterscheidungsfähigkeit. Durch die bewusste Wahrnehmung des Lichts in dir weißt du sehr wohl, wann du fremde Menschen ansprechen kannst und wann du es lieber sein lassen solltest. Du erkennst: Das göttliche Licht vertieft in umfassender Weise deine Klarheit, dein Unterscheidungsvermögen, dein Mitgefühl und deine Liebe.

Der Engel der Liebe

*Ich liebe mich bedingungslos mit allen positiven und
 negativen Eigenschaften.
Meine Liebe öffnet die Tore zu den Herzen meiner
 Mitmenschen.
Ich bin die Liebe, die alles heilt.*

Öffne dein Herz weit und erfahre die Bedeutung der folgenden Botschaft in deinem ganzen Sein: Übergib alle Aspekte deines Wesens in die Hände der All-Einen Kraft, in die Obhut der allumfassenden Liebe. Der Ursprung deines Lebens ist diese Liebe. Als lichtvolle Quelle fließt sie ewig in deiner Existenz. Nimmst du dich an und liebst du dich aus ganzem Herzen, bedingungslos, so bist du in der Lage, diese wertvolle und heilsame Fähigkeit auch an andere weiterzugeben.

Aus dieser zentralen Botschaft ergeben sich unzählige Möglichkeiten der Manifestation: Wirf alle Schuldgefühle über Bord – die Eine Kraft kennt nur die Liebe. Lächle dir liebevoll zu, spüre deine Liebe in deinem Herzen, danke dir, achte und wertschätze dich – jetzt und für immer! Sage jederzeit in Liebe ja zu dir, mit allem, was dich als Mensch ausmacht, denn dies ist der Schlüssel zu deinem erfüllten, glücklichen und lebendigen Leben. Bist du in der bedingungslosen Liebe zu dir, fällt es leicht, auch anderen diese Liebe zu schenken, unabhängig davon, wem du gerade gegenüberstehst und welche guten oder schlechten Aspekte andere gerade an den Tag legen. Du lächelst ihnen aus dem Zentrum deines Herzens zu und bringst auch sie mit ihrer Herzenswärme in Berührung. Du erinnerst sie an etwas, das mehr oder weniger tief in ihnen schlummert.

Durch bedingungslose Liebe fallen alle Feindseligkeiten, Mauern und Hürden wie Dominosteine in sich zusammen. Zugleich ereignet sich eine Initialzündung des liebenden Bewusstseins. Liebe erschafft Wachstum und Weite. Liebe ist Heilung. Heilung und Heiligung des Menschen. Im immens Großen wie im winzig Kleinen kannst du die Auswirkungen deiner bedingungslosen Liebe erkennen.

Engel-Meditation

Die Quelle der Liebe entspringt in mir.
Als wärmender Lichtfunke schimmert sie in meinem
   Herzen.
Ich dehne mein wärmendes Leuchten aus und erfahre
im wogenden Meer meiner Liebe Heilung und Frieden.

Ich bin die Liebe, die alles vereint.
Ich bin die Liebe, die alles heilt.
Ich bin die Liebe, die alles ist.
ICH BIN.

ALLTAG MIT DEM ENGEL DER LIEBE

Imaginationsübung: Eine mögliche Realität

Stell dir vor, du hast dich bereits einige Zeit dem Thema Liebe gewidmet. Du hast einen Teil dessen erkannt, was die Liebe ist, und einen Teil dessen, was die Liebe nicht ist. Sie ist zum Beispiel nicht die emotionelle Liebe in einer Beziehung, die an Bedingungen geknüpft ist. Sie mag sich jedoch wandeln in bedingungslose Liebe, was durch stetiges Bewusstwerden geschehen kann. Worte und Taten der Liebe bewirken viel, sind sie aus dem Zentrum des Herzens geboren. Es ist diese frei fließende, aus dem Herzen strömende Energie der Liebe, die ein heilendes Feld für dich selbst und für deine Mitmenschen aufbaut. In diesem Energiefeld darf alles sein, was ist. Du selbst darfst schwach sein und Fehler machen. Die bedingungslose Liebe umarmt selbst einen Wutausbruch, Eifersucht oder Gefühle der Ängstlichkeit. All diese Emotionen lassen sich meist an einer entsprechenden Körperstelle, zum Beispiel als Druck, als ziehender Schmerz, Enge oder Ähnliches, wahrnehmen. Fließt die akzeptierende Liebe ein, indem du dich umarmst und dieses Gefühl zulässt, verringert sich das jeweilige Körpersignal umgehend und leitet eine Heilung der gespeicherten Emotionen im Körper ein. Das Feld der Liebe kreiert einen Raum der Geborgenheit, Heilung und Wärme, einen Raum, in dem du dich fallen lassen und alles Geschehene der göttlichen Liebe übergeben kannst.

Angenommen, du bist frisch verliebt in einer neuen Partnerschaft. Die Schmetterlinge im Bauch sind in Aktion und das gesamte Leben ist nur noch wunderschön. Nicht das Geringste kann die Tage trüben. In der frischen Beziehung nehmt ihr euch gegenseitig an, ohne Bedingungen. In der ersten Phase des Verliebt-Seins existieren noch keine Bindungen, keine Erwartungen. Frei von jedem emotionellen Druck lebt ihr jeden Tag aufs Neue und entdeckt freudig die schönen und weniger schönen individuellen Eigenschaften des Partners. Sehr bald entwickelt sich ein energetisches Band, das euch miteinander verbindet und unsichtbar zusammenhält. Das Verliebt-Sein verwandelt sich langsam in Liebe und Partnerschaft. Intensiv bittest du den Engel der Liebe darum, dich darauf aufmerksam zu machen, wenn deine Liebe Bedingungen stellt oder gar besitzen will. Mit dem Kontakt zu deinem Engel in dir wird dir unmissverständlich klar, dass das bindende Verhalten in Beziehungen seit vielen Generationen als uraltes Muster in den Zellen verankert ist. Ob nun im Erleben der gemeinsamen Sexualität, der Freizeitgestaltung oder des Alltags, sobald dir dieses Verhalten begegnet, nimmst du es liebevoll an, segnest es kraft deiner ICH-BIN-Gegenwart und legst es dankend in die Hände der transformierenden Lichtkraft des Schöpfers. Mit der Zeit spürst du die verwandelnde Kraft des Engels der Liebe immer mehr. In der Meditation mit der Kraft der Liebe hat sich dir ein wunderschönes Bild gezeigt, das dir die bedingungslose Liebe in der Partnerschaft offenbart: Deine Hand hält deine/n Partner/in, wenn er/sie Hilfe braucht, deine Hand hält deine/n Partner/in, wenn er/sie traurig ist, deine Hand lässt in Liebe los, wenn er/sie gehen will.

Die bedingungslose Liebe wird zum großen Übungsfeld in deinem Leben. Du liebst dich selbst mit all deinen scheinbaren Fehlern, fühlst dich eingebettet in ein liebendes Bewusstsein und freust dich jeden Tag, dem Leben wieder neu in Liebe zu begegnen.

Der Engel des Mutes

Mutig setze ich die Visionen meines Lebens um.
Ich bin mutig und von Herzen bereit für mich selbst.
Ich lasse in mir Tatkraft und Mut lebendig werden.

In der aktuellen Phase deines Lebens ist ein Quäntchen Mut vonnöten. Die Kraft eines Löwen, der ansetzt zum Sprung. Mut zur Tat und Mut für den notwendigen Schritt.

Was hat mutige Menschen veranlasst, ihre manchmal sogar von anderen unverstandenen Wege zu gehen? Ob nun die beschützenden Handlungen einer Mutter für ihr Kind, die Entdeckungen und Entwicklungen eines Forschers oder die ungewöhnlichen Pfade eines spirituellen Weisen, alle haben sie etwas gemeinsam: Sie tragen die Vision und das Wissen einer höheren Wahrheit in sich, die sie unaufhörlich voranschreiten lässt und die sich durch ihr Tun und Handeln Ausdruck verleiht. Die Liebe der Mutter, die ihrem Kind unerschrocken zur Seite steht. Das geistige Gedankengut des Forschers, der beseelt davon ist, Erkenntnis und Fortschritt durch seine Erfindung zu vermitteln. Der Weise, der erfüllt ist von der Gegenwart des Schöpfers, die Gewissheit seines Weges vor Augen hat und seinen Willen in die Hände Gottes legt.

Wenn du dir deiner Vision bewusst bist, mag teilweise Angst in den Vordergrund treten, dennoch zeigt die innere Wahrheit stets den Weg. Was ist die Vision deines Lebens? Was ist deine Wahrheit, die dich mutig führt und alle Hindernisse überwindet? Du hast nichts zu verlieren. Nur dich selbst. Öffne die Geschenkbox deiner Wahrheit, deines Lebens, »ent-wickle« alle mitgebrachten Potenziale und verwirkliche deinen individuellen Ausdruck. Mut verbindet sich mit Tatkraft, und die innige Freundschaft mit deinem Leben kann beginnen.

Engel-Meditation

Ich lenke meine Aufmerksamkeit auf meine Rückenmitte,
zu dem Zentrum meines Mutes und meines Urvertrauens.
Dort begegne ich dem großen Engel des Mutes.
Ich nehme den Mut, ein Aspekt meines Selbst, intensiv
wahr.

Meine Existenz ist vollkommen eingetaucht in kraftvolles
Licht.
Meine Wirbelsäule richtet sich auf, der Mut stärkt meinen
Rücken.
Voller Vertrauen stehe ich mit beiden Beinen fest im Leben.
Die Vision meines Da-Seins enthüllt sich langsam vor
meinen Augen.

Immer deutlicher erfahre ich den Ausdruck meines Lebens.
Lichtvoll. Kraftvoll. Sinnvoll.
Mit Mut, Leichtigkeit und Freude als Begleiter mache ich
mich auf meinen Weg,
meine Fähigkeiten jederzeit in mein Leben einzubringen.

Ich bin der gewollte Ausdruck der unendlichen Schöpfer-
kraft.
Ich bin von Herzen bereit für mich selbst.
ICH BIN.

ALLTAG MIT DEM ENGEL DES MUTES

Imaginationsübung: Eine mögliche Realität

Stell dir vor, du bist an einer Wegkreuzung deines Lebens angelangt. Du bist frisch pensioniert und so stellt sich dir die Frage nach dem Sinn deines weiteren Lebens. Du hattest ein Leben lang eine positive, Sinn gebende Vision deines Lebens im Alter: Eingebundensein in ein soziales Netzwerk mit fröhlichen Menschen, die sich gegenseitig unterstützen, wobei jeder seine eigenen Fähigkeiten einbringen kann. In deiner Umgebung gibt es kein Netzwerk dieser Art, und du fragst dich mit ein wenig Skepsis, wie sich diese Idee verwirklichen lässt. Einige Gedanken des Zweifels spielen mit deinem Verstand: »Bin ich nicht zu alt, um eine Organisation ins Leben zu rufen? Gibt es nicht genug andere Menschen, die dafür besser geeignet sind? Wer wird mich in meiner Arbeit unterstützen?«

Deine innere Weisheit rät dir, diese zerstörerischen Gedanken loszulassen. Du meditierst mit dem Engel des Mutes und erfährst die bodenständige Kraft, die in dir und in deiner lebensbejahenden Vision liegt. Du fühlst dich stark, mutig und voller Tatendrang. Vor deinem inneren Auge siehst du deine Vision in einem strahlenden Licht lebendig werden. Die Behördengänge erledigen sich mit Leichtigkeit, viele Menschen nutzen dieses Netzwerk und wissen sich gebraucht und anerkannt. Ein Treffpunkt junger und alter Menschen, die sich gegenseitig unterstützen und fröhlich ein

Teil dieser Gemeinschaft sind. Die Bilder lösen sich in deinem Inneren wieder auf. Mit kraftvoller und dynamischer Gesinnung vertraust du dieses Projekt dem allgegenwärtigen Schöpfer an. Du weißt, dass sich alles zu gegebener Zeit fügen wird und dass jetzt nur noch gilt, den richtigen Zeitpunkt abzuwarten.

Bereits eine Woche später liest du in einer Tageszeitung von einer Tauschbörse in der nächst größeren Stadt. Das ist es! Tauschbörse! Eine geniale Idee. Jeder Mensch weist Fähigkeiten auf, die er tauschen kann. Von Kuchen oder Plätzchen backen, Rasen mähen, Reifen wechseln über Musik- und Gesangsunterricht, Gedichte schreiben, kleine Besorgungen erledigen, babysitten, jemandem vorlesen, Nachhilfeunterricht und vielem mehr. Noch am selben Tag nimmst du Kontakt zur Organisatorin auf und bittest um ein Treffen. In einem anregenden Gespräch mit vielen Ideen verwirklicht sich deine Vision immer mehr. Du gründest eine Zweigstelle der Tauschbörse in deinem eigenen Heim und organisierst monatliche Treffen für die Mitglieder aus nächster Umgebung. Deine Freunde, Nachbarn und Bekannten finden deine Idee hervorragend und unterstützen dich, soweit es möglich ist. Der Sohn eines Nachbarn sorgt mit großem Eifer für Abhilfe bei Computerproblemen und ist somit eines der ersten stolzen Mitglieder mit einem Guthaben auf dem Tauschbörsenkonto. Was für eine Freude! Die monatlichen Treffen werden rege besucht. Viele ältere Menschen, die ansonsten allein zu Hause sitzen, haben plötzlich wieder Lust, sich mit anderen auszutauschen. Sie bringen ihre Fähigkeiten und Erfahrungen mit und fühlen sich wieder wertvoll und nützlich. Aber nicht nur ältere Menschen sind auf den Geschmack gekommen. Viele junge Familien mit Kindern nutzen das Angebot und bereichern die Zusammenkünfte mit fröhlicher Lebendigkeit und weiteren kreativen Gedanken.

Wer hätte das gedacht? Du blickst auf die Anfänge deiner Idee zurück und dankst aus tiefstem Herzen für deinen Mut, dieses Projekt umzusetzen und damit einen Teil deiner erfüllenden Lebensaufgabe zu realisieren. Es ist wahrhaftig eine Lebensaufgabe! Die fröhlichen Momente deines Rentnerdaseins haben sich vielfach vermehrt und sind Zeuge deines erfüllten Lebens.

Die Engel der Natur

Meine Weisheit spiegelt sich in den Kräften der Natur.
Lebendigkeit und Frische reiner Naturquellen beleben
  meinen Geist.
Die natürlichen Lebensräume als Ausdruck der
  göttlichen Schöpfung stärken meine Seele.

Die Engel der Natur senden eine klärende, sehr wichtige Botschaft in deinen Geist. Erkenne den bedeutsamen Stellenwert der Natur unseres Planeten. Gäbe es keine Bäume und Pflanzen, hörte die Menschheit auf zu existieren. Viele Menschen glauben, sie seien Herrscher über Wiesen und Wälder und könnten sie nach Belieben vermehren oder zerstören. Die Wirklichkeit ist eine andere und zeigt die Abhängigkeit des Menschen. Ohne Sauerstoff kein Leben. Willkürliche Vermehrung von Bäumen beispielsweise durch Monokultur verursacht die Zerstörung wertvollen Lebensraumes und fördert die Anfälligkeit der Bäume für verschiedene Krankheiten und Parasiten. Werde dir der Mächtigkeit und Heiligkeit deines Naturraumes bewusst. In ihm spiegeln sich die wertvollen Naturgesetze jeden Lebens. Gehe bewusst ins Freie und beobachte das Leben eines Waldes, einer Blumenwiese oder eines unberührten Flusses. Sie halten lehrreiche Botschaften für dich bereit. Hinter dem Zusammenspiel von Bäumen, Gräsern, Blumen, Käfern, Ameisen, Bienen und so weiter stehen die Kräfte und Gesetzmäßigkeiten Gottes, die dem menschlichen Verstand verborgen bleiben. Öffnest du den Naturreichen dein liebendes Herz, wirst du mit Schönheit, Erhabenheit und Weisheit gelehrt. Die Engel der Natur bitten dich: Zeige Achtung, Liebe, Frieden und Freude gegenüber allen Lebewesen, einschließlich dem Leben in der Natur. Du wirst Gleiches erfahren und noch viel mehr. Die Engel danken dir aus den Herzen ihres Seins für deine Liebe und schenken dir die Weisheit der Natur.

Engel-Meditation

*Ich liege allein inmitten einer bunten Blumenwiese
und fühle die Lebendigkeit und Freude in der Natur.
Keine Stimmen, kein Straßenlärm weit und breit.
Das gleichmäßige Summen der Insekten beruhigt meinen
 Geist.*

*Mein Kopf lehnt an dem dicken, knorrigen Stamm einer
 alten Linde,
und ich blicke auf das dichte, sonnengrüne Blätterdach
 über mir.
Langsam schließen sich meine Augen; ich lenke meine
 Aufmerksamkeit
auf das gesamte Wesen dieses uralten Baumes.*

*Ich spüre die kräftigen Wurzeln, die unter meinem Körper
 den Erdboden durchziehen,
und nehme den starken Energiefluss wahr, der sich von der
 Erde zur Baumkrone bewegt.
Gleichzeitig verbindet eine strahlende Lichtenergie von
 oben die Baumkrone mit der Erde.
Ein schillerndes Energiefeld ummantelt die Linde in einem
 ausgedehnten Durchmesser.*

Mit meinem Herzen als Vermittler bin ich Teil dieses alten Baumes
und nehme dankbar die Kraft und Lebendigkeit in meinen Körper auf.
In dem farbig schillernden und vibrierenden Energiefeld erkenne ich
die Existenz des allgegenwärtigen Schöpfers, die alles durchdringt und erhält.

Langsam löse ich mich aus der Vibration der Naturkräfte
und sende einen tiefen Dank an die umfassende Weisheit dieses Baumes.
Ich öffne die Augen, atme tief die frische Luft in meine Lungen
und bin wieder gegenwärtig im Hier und Jetzt.

ALLTAG MIT DEN ENGELN DER NATUR

Imaginationsübung: Eine mögliche Realität

Stell dir vor, der Ruf der Natur hat dich erreicht, und du hast dir vorgenommen, das Wesen der Natur besser verstehen zu lernen. Was bedeutet die Weisheit der Natur oder das Energiefeld eines Baumes? Etwas in dir weiß um die Bedeutung dieser Begriffe, dennoch kannst du sie nicht in ihrer vollen Klarheit erfassen. So bittest du für die kommenden Tage und Wochen die Engel der Natur um weisen Rat und Unterstützung.

Eines Morgens, an einem warmen Mittsommertag, sitzt du auf deiner Terrasse und beobachtest die unzähligen Bienen und Hummeln, die emsig den Nektar der vielen, bunten Gartenblumen sammeln. Eine jede scheint in ihrer Natürlichkeit um ihren wahren Sinn und ihre Aufgabe zu wissen. Als würden sie aus ihrem tiefsten, inneren Weisheitsschatz heraus handeln. Ein Tun aus sich heraus. Kaum geboren, fügen sie sich nahtlos in das Bienenvolk ein und widmen sich allwissend, ohne angelernt zu werden, ihren Aufgaben. Du beobachtest die Leichtigkeit ihres Fluges. Sie bewegen sich in ausgewogenem Gleichgewicht, man möchte beinahe sagen in spielerischer Zentriertheit auf ihr Sammelobjekt zu. Sie tun, was zu tun ist, ob nun Wolken am Himmel aufziehen, der Wind weht oder die Sonne scheint. Als blieben sie unberührt von den äußeren Bedingungen der Welt, verankert in einer vertrauensvollen Weisheit, um ihren Lebenssinn zu erfüllen. Viele Blumenvarianten produzieren zu den verschiedensten Tageszeiten unterschiedliche Mengen an Blütennektar. Dennoch sind die Bienen jederzeit am rechten Ort, um das Richtige zu tun. Das Staatenwesen eines Bienenvolkes ist geprägt von Ordnung, Harmonie und Arbeitsteilung. Jede Arbeitsbiene verrichtet alle anfallenden Aufgaben in ihrem Königinnenstaat, bis die letzten Tage ihres Lebens angebrochen sind. Erst dann begibt sie sich auf den Sammelflug und bringt Nektar und Pollen in den Bienenstock. Ein bis zum Ende sinnerfülltes Leben. Wahrhaftig ein weises Lehrbeispiel für die menschliche Existenz. Offenbart sich doch in den kleinen

Dingen der Natur die große Ordnung der höheren Kräfte. Du dankst den Engeln der Natur für die winzigen Einblicke in die Naturgesetze der Welt. Natürlich kannst du mit den neuen Erkenntnissen auf globaler Ebene die Welt und ihre Bedingungen nicht verändern. Dennoch setzt du sie in deinem persönlichen Leben um. Ordnung und Harmonie im Inneren verursachen Ordnung und Harmonie im Außen. Zuerst ist es einer, der in jeder Situation die göttliche Harmonie und Ordnung wählt. Das gelebte Beispiel gibt anderen den Mut, ebenso zu verfahren. Dann sind es zwei, fünf, zehn, hundert und zu gegebener Zeit die ganze Welt.

Zugleich fasst du den Entschluss, viele Blumen anzupflanzen und deinen Rasen teilweise in eine wild wachsende Blumenwiese zu verwandeln. Die Bienen haben dein Herz erobert und du unterstützt ihre Nahrungssuche in Zukunft durch die artenreiche Bepflanzung in deinem Garten. Das Geben und Nehmen des Naturkreislaufes war den Menschen früherer Generationen in Fleisch und Blut übergegangen. Die meditative Beobachtung der Bienen hat dich wieder den natürlichen Rhythmus und die Verbundenheit allen Lebens erfahren lassen.

Noch tief versunken in die Wunder der Natur erinnerst du dich lachend an die Hummelgeschichte deiner Schulzeit. Entsprechend den aerodynamischen, wissenschaftlichen Forschungsergebnissen gilt es als einwandfrei geklärt, dass eine Hummel wegen ihrer unkoordinierten Beschaffenheit, das heißt Körpergröße und Gewicht relativ zur Flügelspannweite, nicht fliegen kann. Der Hummel jedoch bleiben diese Erkenntnisse vorenthalten, sie weiß das alles nicht – und fliegt trotzdem! Die Weisheit Gottes lässt sich nicht immer mit den Augen des Intellekts durchschauen.

Der Engel des Neubeginns

Ich vertraue dem Prozess des Werdens und Entstehens.
Ich nehme das Neue mit offenen Armen fröhlich an.
Kraftvoll und spielerisch öffne ich die Tore zu neuen
  Erfahrungen.

Du stehst an der Schwelle eines neuen Lebensabschnittes. Du hast Vergangenes mit Dankbarkeit gesegnet und hinter dir gelassen. Der Prozess des Loslassens ist beendet und der erfrischende Wind des Entstehens, Gestaltens und Werdens weht um deine Nase. Ideen, kreative Schöpfungen und Vorstellungen erscheinen vor deinen Augen. Du kannst das Neue bereits intensiv in deinem Energiefeld spüren. Es wartet darauf, von dir gelebt zu werden.

Begib dich ins Zentrum deiner zu erschaffenden Möglichkeiten, es ist wie das Malen eines Mandalas. Ein Mandala entsteht aus seiner Mitte heraus, alle weiteren Schaffensprozesse gestalten sich um das Zentrum und bilden durch die unendlichen Möglichkeiten einen immer größeren Kreis. Du bist das Zentrum, die Ursache für viele neue, miteinander verbundene Wege und Erfahrungen. Deine Möglichkeiten erschaffen sich nicht auf einem linearen Pfad, sondern aus deinem multidimensionalen Bewusstsein heraus.

Erfreue dich an den neuen Erfahrungen, die nun dein Leben betreten, mit der spielerischen Freude und Neugier eines Kindes. Das Neue entfaltet sich gemäß deinem Vertrauen zu dir.

Vertraue – traue dich, das Tor zum Neuen zu durchschreiten und der Stimme deiner Seele zu folgen. Alle Vorbereitungen sind getroffen – der Landeanflug kann beginnen ...

Engel-Meditation

*Ich atme ruhig und tief in das Zentrum meines Herzens
(in der Brustmitte)
Mit den Beinen fest in der Erde verwurzelt, richte ich
meine Wirbelsäule auf und strecke mich dem
Universum entgegen.
Eingebunden in Himmel und Erde erfahre ich mich als
Zentrum
meiner unendlichen Schöpferkraft.*

*Aus meinem Herzen formt sich ein Muster an neuen Ideen
und Möglichkeiten,
gleich einem multidimensionalen Mandala.
Jeder Atemzug schöpft neue, mögliche Kreationen in
meinen Kreis.
Aus dem Brennpunkt meines Mandalas beobachte ich mit
kraftvollem Vertrauen
das leichte und fließende Entstehen zahlreicher neuer
Möglichkeiten.*

*Ich bejahe den Neubeginn aus der Tiefe meines Herzens
und vertraue dem Prozess des Werdens und Entstehens.
Ich bin universelles Bewusstsein und schöpfe aus meiner
ewig sprudelnden Quelle.
ICH BIN.*

ALLTAG MIT DEM ENGEL DES NEUBEGINNS

Imaginationsübung: Eine mögliche Realität

Stell dir vor, du stehst an einem Wendepunkt deines Lebens. Du bist Ende vierzig, geschieden, die Kinder gehen bereits ihre eigenen Wege. In den vergangenen Jahren hast du dich aus Abhängigkeiten befreit, als Hobby mit antiken Möbeln gehandelt und erfolgreich eine Heilpraktikerausbildung absolviert. Zahlreiche weitere, positiv erlebte Selbsterfahrungsseminare runden deinen Erfahrungsschatz ab. Du stehst vor der Entscheidung, eine eigene Praxis zu eröffnen. Gleichzeitig hast du dein Elternhaus, das du seit deiner Kindheit bewohnt hattest, verkauft. Ein antik anmutendes, großes Gebäude aus der Gründerzeit, dessen Instandhaltung eine Unmenge an Kosten verursachte. Dein Makler hatte dir geraten, vorerst eine Wohnung zu mieten, um den Kauf eines neuen Heimes nicht zu überstürzen. Sofort kam dir die Idee, diese ungewöhnlichen Umstände zu nutzen und für drei Monate ein Häuschen in Neuseeland zu mieten, um das Land kennenzulernen, das eine Heimat für deine Ururgroßeltern geworden war. Ein neues Haus suchen und eine Praxis eröffnen wäre bei deiner Rückkehr immer noch möglich. So nahmst du Abschied von deinem Elternhaus, besuchtest das Grab deiner Ururgroßeltern und sitzt nun allein in der einsamen und teilweise unberührten Natur Neuseelands.

Noch einmal blickst du kurz zurück. Es war dir nicht immer leicht gefallen, der Abschied oder auch das Loslassen deiner alten Lebensweise. Es tauchten Gefühle der Unsicherheit auf, manchmal auch eine Angst vor der ungewissen Zukunft. In der wunderschönen, blühenden Wiese sitzend, umschwärmt von den zahlreichen wilden Bienen, fühlst du dich dem Schöpfer sehr nahe. Würzige und süße Düfte umwehen deine Nase und im Vertrauen in deine göttliche Präsenz bittest du den Engel des Neubeginns um Unterstützung und Führung.

Du fühlst dich geborgen und in Sicherheit. Aus dem Zentrum deines Herzens entsteht um dich herum ein vertrauensvolles, kreatives Energiefeld an vielen Möglichkeiten der Manifestation. Du nimmst dein neues Zuhause wahr, jedoch nicht im Detail. Du kannst das leuchtende Energiefeld deines neuen Heimes erkennen und weißt tief in dir, dass es zu hundert Prozent mit dir und deinem Leben korrespondiert. Es fühlt sich ausnahmslos stimmig an. Ebenso dein neues Tätigkeitsfeld. Die Praxis ist im neuen Haus integriert und du freust dich bereits auf deine ersten Patienten. Dir wird klar, dass es vollkommen ausreicht, dieses positive, kreative Energiefeld aufzubauen. Die Weisheit der Engel in dir wird zusammen mit der Schöpferkraft Gottes das Übrige tun. Jedes gedankliche Ausreifen der Zukunft wäre womöglich eine Begrenzung der vielen Möglichkeiten, wie sich dein Leben weiterhin gestalten kann. Du erinnerst dich an einen Spruch von Laotse: »Treibe den Fluss nicht, lasse ihn strömen.« Genau so fühlst du dich im Moment. Du bist im Fluss deines Lebens und lässt dich zu den vielen Möglichkeiten führen. Es ist kein zielloses Dahintreiben, sondern ein Geborenwerden und Wahrnehmen der verschiedenen Möglichkeiten, ausgerichtet auf dein Ziel. Dein Handeln erfolgt zu gegebener Zeit in natürlicher Ausdrucksweise.

Du lächelst den Bienen und Insekten zu, die dich immer noch eifrig und müßig umschwirren. Liebevoll bedankst du dich auch bei ihnen für das Paradebeispiel, das sie liefern. Sie tun, was zu tun ist, ohne einen Zweifel oder zögerliches Verhalten. Sie sind eingewoben in den göttlichen Plan der Existenz und handeln aus der ihnen innewohnenden Gottespräsenz heraus. Zuversichtlich und mit mutigem Vertrauen blickst du deiner Zukunft entgegen. Dein Neubeginn ist der freudvolle Ausdruck deines wahren Wesenskerns.

Der Engel des Segens

*Fließende Ströme göttlichen Segens durchdringen mein
  Sein.
Ich segne die Welt und die Welt wird mir zum Segen.
Ich bin eingebettet und geborgen in segensreicher Fülle.*

Gesegnet bist du, die/der in der Erscheinung der Dualität immer wieder vor der Entscheidung steht: Betrachte ich die Ereignisse meines Lebens mit verurteilenden und bewertenden Augen oder nehme ich sie mit den segnenden Augen meiner All-Gegenwart, meiner großen Stille in mir wahr?

Wie oft bietet sich dir die Gelegenheit, diesen Schritt zu vollziehen? Manchmal? Öfter? Vielleicht gar jeden Augenblick des Seins?

TV-Nachrichten, Zeitungsartikel, Medien aller Art berichten mit beurteilendem Verstand. Dies ist gut und jenes ist schlecht. Vorwiegend ist der Mensch konditioniert, seine Aufmerksamkeit auf die weniger guten Ereignisse zu lenken. Schlechte Wirtschaftslage, Katastrophen, Krankheit und vieles mehr. Was immer du hörst, höre mit segnenden Ohren. Was immer für Gedanken auftauchen, denke mit segnenden Gedanken. Was immer du siehst, blicke mit liebenden und segnenden Augen in deine Welt. Öffne dein Herz allem, was dir begegnet. Nimm deine innere, zeitlose, göttliche Präsenz wahr, spüre sie mit all deinem Sein und segne. Beim Erwachen segne den kommenden Tag. Abends segne den Schlaf, die Träume und die Nacht. Segne deine Nahrung und dein Arbeitsfeld. Segne die streitenden Nachbarn und den Alkoholiker auf der Straße ebenso, wie deine Kinder, Verwandten und Freunde. Durch das Segnen erkennst du den göttlichen Teil in jeder existierenden Form an. In dir und in allem, was ist. Aus den Augen aller Menschen und Lebewesen leuchtet dir Gott entgegen. Segnest du die Welt, wird dir die Welt zum Segen.

Engel-Meditation

*Lautlos atme ich in meine allumfassende, universelle
  Gegenwart.
Kaum wahrnehmbar öffnet sich in meinem Körper ein Tor.
Fließende Ströme des Segens durchdringen meine Existenz.
Das Zeitlose in der Stille der Unendlichkeit ist in mir.*

*Der Segen des Schöpfers ist in allen Orten gegenwärtig.
Er fließt von Hand zu Hand, von Mensch zu Mensch,
über Dörfer und Städte zu den Ländern,
über Flüsse, Seen und Meere zu den Kontinenten.*

*Der Segen des Einen durchzieht alle Planeten, Galaxien
  und Universen.
Räume öffnen sich, die keine Räume mehr sind.
Die Ewigkeit Gottes klärt alle Bilder.
Das ist das, was ICH BIN.*

ALLTAG MIT DEM ENGEL DES SEGENS

Imaginationsübung: Eine mögliche Realität

Stell dir vor, der Engel des Segens begleitet dich in deinem alltäglichen Leben. Was ist der Segen? Der Pfarrer oder Pastor in der Kirche spricht einen Segen. Ist der Segen ein Werkzeug der Sprache und des Verstandes? Was bewirkt ein Segen? Du bittest in stillen Minuten deiner morgendlichen Meditation den Engel des Segens um Antworten auf diese Fragen. Bereits nach den ersten bewussten Atemzügen in dein Zentrum spürst du die Allgegenwart Gottes in dir. Sie ist immer präsent, nur manchmal für dich weniger stark wahrnehmbar. Heute bist du dir deines göttlichen Ursprungs voll bewusst.

Langsam klären sich deine Fragen. Der Segen bedient sich unter anderem der Sprache. Die Worte sind eingetaucht in heilende Gottesenergie, in die Gegenwart des ICH BIN, und übertragen sich durch die bewusste Sprache auf das zu segnende Objekt. Eine Vermittlung göttlicher In-form-ation. Klar siehst du vor deinen Augen, wie zum Beispiel ein Leitungswasser, aufgrund des Druckes in den Leitungen und der Beschaffenheit der Rohre mehr tot als lebendig, durch den göttlichen Segen die Information seines Ursprungs erhält. Es ist, als ob sich die Wassermoleküle wieder an ihre eigene Göttlichkeit erinnern und in die ursprüngliche Form zurückkehren. Ein wahrer Segen! Du erkennst nun den unbezahlbaren Wert gesegneter Speisen. Sie überbringen dem menschlichen Körper göttliche Heil- und Lebenskraft. Ein rein verstandesmäßig gesprochener Segen dagegen ist kraftlos und leer. Mit Freude dankst du für die erhaltene Botschaft. Der Glaube, nur Kirchenvertreter dürften einen Segen sprechen, hat sich im Nichts aufgelöst. Die Erfahrung zeigt dir klar und deutlich, dass es allen Menschen kraft ihrer ICH-BIN-Gegenwart möglich ist, einen Segen zu sprechen. Die Segenskraft hängt allein davon ab, inwieweit jemand seine eigene Göttlichkeit annehmen und wahrnehmen kann.

Sofort beginnst du mit der Umsetzung der Erfahrung in deinen Alltag. Du begibst dich ins Badezimmer, spürst dein ICH BIN und segnest deine Zahnpastatube, dein Mundwasser, dein Shampoo und sämtliche Bade- und Kosmetikartikel. Anfangs glaubst du, dich dabei konzentrieren zu müssen, was teils ein wenig anstrengend ist. Während einer kurzen Pause wendest du dich wieder nach innen. Sofort wird dir klar, dass du während des Segnens nichts tun musst, du musst dich weder konzentrieren noch nachdenken. Je weniger du tust, umso mehr kannst du dich entspannen und deine ICH-BIN-Gegenwart einfach nur geschehen lassen. Wieder setzt du deine Erkenntnis umgehend in Taten um. Bevor du beginnst, sprichst du laut eine Absicht aus: »Ich nehme klar und deutlich in mir wahr, wann der Vorgang des Segnens beendet ist.« Du segnest nun in entspannter Weise dein abgekochtes, warmes Wasser, das du jeden Morgen zur Entschlackung nüchtern zu dir nimmst. Während des Vorgangs vertraust du deiner Weisheit und dem Engel des Segens in dir. Ein fast unmerklicher Impuls weist dich darauf hin, das Segnen des Wassers zu beenden. In kleinen Schlucken kostest du dein gesegnetes Wasser. Tatsächlich schmeckt es ein wenig verändert. Eine Nuance süßer als gewöhnlich.

Diese ersten Erfahrungen haben dich sehr fröhlich gestimmt und mit großer Dankbarkeit widmest du dich den Aufgaben des alltäglichen Lebens. Immer wieder baust du Segensmomente in deinen Tagesablauf ein. Menschen, Tiere und viele erlebte Situationen erhalten deinen Segen. Du kannst das morgige Erwachen kaum abwarten, denn nach dem Aufwachen wirst du den gesamten Tag, der noch frisch vor dir liegt, segnen. Ein lebendiges Sein in den segnenden Händen Gottes.

Der Engel
der Selbstermächtigung

Ich erlaube meiner natürlichen Macht, in Liebe
 lebendig zu sein.
Kraft und Macht meines Geistes gründen in den
 göttlichen Quellen.
Ich bejahe mein kraftvolles Potenzial und lege es in die
 liebenden Hände Gottes.

Es ist an der Zeit, die Macht und Kraft deines Selbst zu erfahren und zu leben. Wie oft hast du in vergangenen Tagen deine Macht abgegeben, um des lieben Friedens Willen, um einem anderen »gefällig« zu sein oder auch aus Angst, nicht mehr geliebt zu werden. Je mehr Liebe in deinem Herzen fließt, umso mehr Macht wird dir zu Eigen. Sei dir deines vollkommenen Potenzials bewusst. Die Grenzen des Erfahrbaren erschafft der Mensch, nicht Gott. In der Unendlichkeit des Universums existieren keine Grenzen. Alles ist Schwingung, immerwährende Bewegung und Entwicklung. Stößt du nun in deinem Erfahrungsfeld auf eine scheinbare Hürde, entstand diese durch die Aktivität deines Geistes. Eine Erfahrung, deren Ursprung in dir begründet ist. Dem Denken folgen vielleicht Worte und Taten, in jedem Fall jedoch folgt eine individuelle, energetische Signatur, ein Energiefeld, das entsprechende Erfahrungen an sich zieht. Suche die Ursachen für Ereignisse, ob positiver oder negativer Art, nicht mehr in deinem Umfeld oder in deinen Mitmenschen, sondern ausschließlich in dir. Du kreierst deine Lernerfahrungen – ebenso liegen alle Lösungen bereits in dir.

Selbstermächtigung beinhaltet die Macht, dein Leben aus dem Geist zu schöpfen, deinen Willen dem Willen des Schöpfers zu übergeben und für alle Manifestationen, die sich in deinem Leben zeigen, die volle Verantwortung zu übernehmen. Die Macht, entsprungen aus dem liebenden Herzen deines Selbst, deines ICH BIN, integrierst du umso mehr in dein Leben, je bereitwilliger sich dein Ego deiner göttlichen Präsenz unterstellt. So sind dein Selbst und dein Ego an ihrem vorgesehenen Platz und übernehmen in kraft- und machtvoller Art und Weise ihre jeweiligen Aufgaben.

Engel-Meditation

Eine goldene Lichtkugel senkt sich in meinen Bauch:
Ich bin in Frieden und Harmonie mit mir selbst und mit
meinem Leben.

Eine goldene Lichtkugel entsteht in meinem Herzzentrum,
in der Mitte meiner Brust:
Unendliche Liebe verströmt sich in meinem Herzen und
schenkt Heilung und Mitgefühl.

Eine goldene Lichtkugel legt sich in das Zentrum meiner
Stirn:
Mein Geist ist klar und konzentriert. Ich erkenne die
Realität des wahren Seins.

Die drei goldenen Lichtkugeln dehnen sich aus
und vereinen sich zur allumfassenden Lichtkugel meines
ewigen Selbst.

Ich bin eingebettet in das goldene Licht des Allgegen-
wärtigen.
Ich bin die strahlende Quelle des Lichts.
ICH BIN.

ALLTAG MIT DEM ENGEL
DER SELBSTERMÄCHTIGUNG

Imaginationsübung: Eine mögliche Realität

Stell dir vor, du bist Teilnehmer eines Selbsterfahrungsseminars. Der Seminarleiter führt mit klarem Verstand und liebevoller Weisheit durch die jeweiligen Themen. Sein klares Unterscheidungsvermögen und sein Mitgefühl füllen den Raum und bringen viele Lösungsansätze und Heilmöglichkeiten zum Vorschein. Während der ausgedehnten Mittagspause kommst du mit anderen Teilnehmern ins Gespräch. Immer wieder wird über den Referenten gesprochen und ihm großes Lob gezollt. Bewundernde Worte wie »was der alles wahrnehmen kann« oder »wenn ich doch schon so weit wäre ...« werden vereinzelt laut.

Nach der Mittagspause wird genau dieses Verhalten zum Thema. Der Therapeut greift die Tatsachen auf und spricht klar mit wertfreier Stimme darüber: »Bitte, stellt niemanden auf ein Podest, weder einen Meister, einen Guru, einen Politiker, einen Sportler, einen Therapeuten und so weiter. Bewunderst du die Weisheit eines Meisters, spiegelt er dir deine eigene Weisheit. Wäre dem nicht so, wärst du nicht fähig, das Gesagte als weise wahrzunehmen und von dir abzutrennen. Ein verehrter Sportler vermittelt dir deine eigene Sportlichkeit, die du mit gewissem Training und Ausdauer erreichen kannst. Die Klarheit und Redegewandtheit eines Referenten zeigt dir deine eigene Klarheit und deine rhetorischen Fähigkeiten, die vielleicht noch als großes Potenzial in dir schlummern. Was passiert, wenn du eine Person zu sehr erhebst? Es entsteht ein Gefälle von besser und schlechter. Du verleugnest deine eigene Großartigkeit und begibst dich auf eine scheinbar niedere Ebene. Durch die verschiedenen Ebenen können wir nicht mehr auf effektive Weise miteinander kommunizieren. Die Worte erreichen einander nicht in der Tiefe des Herzens, die ansonsten möglich wäre.«

Du gestehst dir ein, dass auch du dich ein wenig klein gemacht hast und sich deine Kraft in der Bewunderung verringert hat. Sofort nimmst du dich wieder in deiner Einzigartigkeit und Großartigkeit wahr. Du prüfst in deinem Herzen, ob du dich dadurch über die anderen erhebst. Der folgende Aspekt ist dir in dem Seminar sehr deutlich bewusst geworden: Du kannst jederzeit über dein Herz wahrnehmen, ob in den verschiedensten Situationen mit Menschen ein »Gefälle« entsteht oder ein liebendes Miteinander. In diesem Falle siehst du die Genialität und Größe eines jeden Teilnehmers und fühlst dich in dieser gegenseitig bejahenden Akzeptanz der gesamten Gruppe sehr wohl.

Gleichzeitig durchschaust du die Zusammenhänge eines bisher unbewussten Verhaltensmusters. Egal, ob du dich erniedrigst oder über andere Menschen erhebst, jedes Mal glaubt das Ego aufzeigen zu müssen, es sei etwas Außergewöhnliches und Besonderes. Außergewöhnlich bedauernswert oder außergewöhnlich bewundernswert, die Bewertung spielt hierbei keine Rolle. Wahrlich eine manchmal sehr subtile Identifikation mit der Rolle des besonderen Individuums. Aufrichtig bittest du den Engel der Selbstermächtigung, ein Aspekt der göttlichen Manifestation, dich bei der alltäglichen Umsetzung dieses tiefen Verständnisses und soeben erlebten Prozesses zu unterstützen. Deine göttliche ICH-

BIN-Kraft erschafft niemals ein Gefälle, sondern nimmt alle, ob Aggressor, Opfer, Neidgeplagten oder Liebenden mit ins Boot. Während du weiterhin deine positive und natürliche Kraft und Macht spüren kannst, erlebst du den Rest des Seminartages in der harmonischen Kommunikation der Herzen.

Der Engel der Stille

Ich bin die Stille in Gott.
An den Quellen der Stille bin ich ich selbst.
Lautlos erwache ich in den heiligen Räumen der Stille.

Halte inne in deinem manchmal sehr lauten Leben voller Aufgaben, Pflichten und Verabredungen. Heiße den Engel der Stille an deiner Seite von Herzen willkommen. So leise wie der Schnee die Äste der Bäume und Sträucher berührt und den Lärm der Straße und des Alltags verschluckt, so lautlos und ruhig bittet die Stille des Seins um Einlass in dein Leben. Die alles absorbierende Stille führt dich zu dir. Weg von Unruhe und Hektik geleitet sie dich zu dem wahren Ursprung deiner Existenz. Nicht im Außen, sondern in deinem Inneren, in dir selbst, findest du dich.

Erkenne, was du bist, und erkenne, was du nicht bist. Du bist nicht der Körper, doch besitzt du ihn. Als Gefährt für deine Individualität und als Ausdruck in dieser Welt leistet er dir wertvolle Dienste, und dennoch: Du bist nicht der Körper. Hinter allen Formen und Ebenen der äußeren Existenz (auch deines Körpers) verbirgt sich der momentane Augenblick der Stille. Im einfachen Gewahrsein in der Natur eröffnet sich dir diese Stille, die zum Beispiel eine Blume durchdringt. Sie bringt in dir etwas Immerwährendes zum Erklingen. Die große Stille in dir zeigt, wer und was du wirklich bist. Worte stoßen hier an ihre Grenzen, denn sie können das Reich der Stille nicht betreten. Wenn du bereit bist, öffne dich für die Erfahrung der lautlosen Präsenz, die in dir wohnt. Sie trägt dich über deine Alltagsgrenzen weit hinaus in die strahlenden Sphären der Ewigkeit. Dort, an den Quellen der Ruhe, nimm dein göttliches ICH BIN wahr. Koste von den nährenden Gewässern des Lichts und erinnere dich ... an DICH.

Engel-Meditation

Ich bin ein Teil der weiten Wüste,
keine Menschen, kein Alltag, kein Tun.
Der Pulsschlag der Erde verbindet sich mit meinem.
Ein Gleichklang der Seelen tönt in meinem Herzen.

Wahrnehmung wird zu Wahrgenommenem –
die Lautlosigkeit der Landschaft wandelt sich zu Stille in
    mir.
Die Illusion der Zeit dringt in mein Bewusstsein
und weist mir den pfadlosen Weg zur erhabenen Stille der
    All-Gegenwart.

Einatmen wird zu Ausatmen,
Ausatmen zu Einatmen.
Ich werde geatmet – von zeitloser Präsenz.

Ich bin die Stille in Gott.
ICH BIN.

ALLTAG MIT DEM ENGEL DER STILLE

Imaginationsübung: Eine mögliche Realität

Stell dir vor, der Engel der Stille begleitet deinen Alltag. Alltag und Stille scheint ein Paradoxon zu sein und doch ist es keins. In der Meditation fällt es dir bereits sehr leicht, die Stille der göttlichen Präsenz wahrzunehmen. Auch auf deinen ausgiebigen Spaziergängen in großen Parks, auf Wiesen und in Wäldern leuchtet dir der allumfassende Geist entgegen. Manchmal geschieht es, dass du in der Vertiefung in eine Blüte, einen Baum oder einen Käfer eine zeitlose Präsenz wahrnimmst. Ein Fenster, das sich öffnet, wie ein Tor zu einer vertrauten Welt. Der gesamte Raum ist durchdrungen von einer heilig anmutenden Stille und gleichzeitig sind Raum und Zeit nicht existent. Diese kostbaren Momente gleichen einem Blitz am Himmel. In Sekundenschnelle ziehen sie in deiner Wahrnehmung vorüber, erscheinen kurz und sind genau so plötzlich wieder verschwunden. Was jedoch bleibt, ist die tiefe Gewissheit, ein ewiger Teil eines unendlich großen und liebenden Netzwerkes zu sein. Geborgenheit und ein Gefühl von Liebe tragen dich auf diesen Spaziergängen von Ort zu Ort.

Eines Tages begibst du dich auf Geschäftsreise nach Frankfurt. Die Flughäfen befinden sich im Streik und dir bleibt nichts anderes übrig, als kurzfristig auf relativ überfüllte Züge umzusatteln. Vor Reiseantritt bittest du den Engel der Stille, dich zu begleiten. Du bist dir sicher, mit der Stille in dir wirst du den Lärm und die überfüllten Bahnhöfe neutral, ja vielleicht sogar positiv erleben können und ausgeruht zum Geschäftstermin erscheinen.

Der Zug hat eine halbe Stunde Verspätung und du stehst wartend an den Gleisen. Ein wenig ärgerlich beobachtest du das Geschehen. Schwatzende, teils rauchende Menschen, die vom Eingang zur Infotafel, von den Fahrkartenschaltern zu den Zügen und von den ankommenden Zügen zu den Ausgängen hetzen. Der Geräuschpegel, die geladene Atmosphäre und die erstickende Luft bringen dich innerlich zum Bersten. Da taucht ganz leise, wie aus dem Nichts, ein rettender Gedanke an den Engel der Stille auf. Tief und immer ruhiger werdend atmest du in deinen Bauch und bittest den Engel der Stille in dir um Hilfe. Kurz erscheinen lästige Gedanken, die das Unterfangen, Stille an einem lärmenden Ort erleben zu wollen, ins Lächerliche ziehen. Das Wort »wollen« hat eine elektrisierende Wirkung auf dich. Wollen erzeugt Druck und führt dich zum genauen Gegenteil. Dankend nimmst du die Erkenntnis an und versuchst, die Hektik im Außen zuzulassen, als einen Teil dessen, was ist. Mit der Zeit gelingt es dir immer besser. Du nimmst dich als einen neutralen Beobachter wahr. In dir entfaltet sich eine heilige Stille, die ein strahlendes Energiefeld um dich aufbaut. Der Lärm wirkt in die Ferne gerückt, er ist da, berührt dich jedoch kaum noch. Jede Identifikation mit der Umgebung ist in diesem Augenblick verschwunden. Mal rückt das Chaos näher, um sich kurz darauf wieder zu entfernen. Gelassen beobachtest du diese Rhythmen und lässt geschehen. Einerseits bist du Teil des Bahnhofgeschehens, andererseits bewegst du dich in dem ewigen Raum der Stille in dir.

Der Zug fährt ein. Verwundert blickst du auf die Uhr und bemerkst, wie schnell die Zeit verflogen ist. Das leise Glücksgefühl der Stille bringt dich zum Schmunzeln. Einige Passanten blicken dir lächelnd in die Augen, während du einen Sitzplatz suchst. Es ist, als ob sie unbewusst dein segensreiches Energiefeld spüren und dieses ihre Seele aufhorchen lässt. Tiefe Dankbarkeit erfüllt dich. Die allgegenwärtige Stille ist immer in dir.

Der Engel des Trostes

*Ich bin gehalten und getröstet von der unermesslichen
   Liebe Gottes.
Ich bin einfaches Sein im strahlenden Lichtfeld der
   Einen Kraft.
Göttliche Ordnung und Harmonie liegen allem Sein
   zugrunde.*

Erlebte Trauer ist ein bedeutsamer Prozess, um sich den Mysterien des Lebens und der Weisheit der göttlichen Liebe zu öffnen. Die Traurigkeit ist ein Indiz für das Loslassen einer Vorstellung, einer Erwartung oder auch eines geliebten Menschen. Nun gilt es, eine Bindung in Liebe loszulassen. Hast du einen Menschen verloren, ob durch Trennung oder Tod, sei dir gewiss: Jedes Erlebnis liegt vertrauensvoll in Gottes Händen. Verlust ist eine Illusion des Geistes, der glaubt, einen Mitmenschen besitzen zu können, und von der Endlichkeit des Lebens überzeugt ist. Lege deinen Schmerz, deinen Kummer und deine Tränen in die Hände des Einen. Das Sterben ist kein Auslöschen oder Vernichten, nein, es ist ein freudiges Geborenwerden in eine scheinbar unsichtbare Welt. Könntest du dich an die Zeit vor deiner Geburt erinnern, wüsstest du um die Zusammenhänge des ewigen Lebens. Jede Seele weiß um die lehrreichen Erfahrungen, die sie für ihr Erdenleben wählt. Sie nimmt am Spiel der Erkenntnis und der vollkommenen Bewusstwerdung teil, für das unendlich viel Zeit und unzählige Leben bereitstehen. Mit dieser Wahrheit in deinem Herzen fällt es leichter, loszulassen. Die liebende Seelenweisheit ermöglicht immer, ohne Ausnahme, die bestmöglichen Erfahrungen für jeden Einzelnen, sei dies nun ein Leben im Leben oder ein Leben nach dem Sterben. Vertraue der steten Güte Gottes und richte deine Fürsorge nun auf dich. Öffne dein Herz weit und fühle, wie der Schmerz in der heilenden Lichtkraft Gottes schmilzt. Spüre die allgegenwärtige Liebe, die dich stets in Geborgenheit bettet und die alle Erfahrungen in ein helleres Licht taucht. Die liebevolle Führung und die Weisheit Gottes begleiten dich in diesen scheinbar dunklen Tagen zu den Toren des lichtvollen Erwachens.

Engel-Meditation

*Die heilende Liebe des Engels des Trostes fließt in mein
    trauerndes Herz.
In seinen Armen bin ich geborgen, die Tränen verdunsten
    im göttlichen Licht.
Violett-goldene Strahlen dringen in meinen Seelengrund
und bringen Erinnerungen aus scheinbar längst
    vergangener Zeit.*

*Ich bin weder geboren noch ungeboren,
bin einfaches SEIN im strahlenden Lichtfeld Gottes.
Das ist es, was ich immer war.
Das ist es, was mich ewig in allen Lebensrollen
    durchdringt.*

*Reine Glückseligkeit erlöst die Illusion der dualen Welt.
Leben und Sterben, Gut und Böse, Sein und Nicht-Sein
sind die Bausteine der menschlichen Wahrnehmung
für die Brücken der Erkenntnis und Bewusstwerdung.*

*Ich bejahe die göttliche Weisheit, die allen Erfahrungen
    innewohnt.
Ich bin Teil der universellen Schöpfung.
Ich bin geborgen in der heilenden All-Liebe Gottes.
ICH BIN.*

ALLTAG MIT DEM ENGEL DES TROSTES

Imaginationsübung: Eine mögliche Realität

Stell dir vor, du sitzt mit deiner kleinen Tochter und ihrer Spielgefährtin im Garten, die Blicke auf ein kleines Erdhäufchen gerichtet. Ein Rotkehlchen war heute Nachmittag in die Fänge einer streunenden Katze geraten. Die spielenden Kinder hatte die Katze das Weite suchen lassen und zurück blieb das Vögelchen, das noch immer leicht zu atmen schien. Mit dem Rotkehlchen in einem Tuch kamen die Kinder zu dir. Beruhigend sprachst du auf sie ein und während ihr sanft, mit liebevollen Worten das Vögelchen streicheltet, hatte es seinen letzten Atemzug getan. Leise traten Tränen in die Augen der Kinder, die nun das erste Mal ein Lebewesen sterben sahen. »Hat es dem Rotkehlchen wehgetan? Warum tut die Katze das? Ist es jetzt im Himmel?« Viele Fragen wurden gleichzeitig an dich herangetragen und du batest in einem Blitzgebet den Engel des Trostes, dir und den Kindern zu helfen. »Liebe Kinder, dieses schöne Rotkehlchen hat eine strahlende und leuchtende Seele. Diese Seele hat heute ihren Körper verlassen und ist in das Lichtreich zurückgekehrt, aus dem es gekommen war. Der kleine Vogel wollte hier auf der Erde Erfahrungen sammeln. Singen, Nahrung sammeln, kleine Vogelbabys versorgen. Wenn die Zeit der Erfahrungen vorüber ist, kehrt er zurück ins Licht.« Mit einfachen, mitfühlenden Worten versuchtest du, den Kindern das Mysterium des Lebens und Sterbens bewusst zu machen. Da sagte die Spielgefährtin deiner Tochter leise und bestimmt: »Ich habe gerade sein Licht gesehen. Es geht ihm gut. Wollen wir ihm ein schönes Grab schaufeln?« Die Erde war schnell ausgehoben und der Vogel feierlich bestattet.

Abends ist deine Tochter ein wenig traurig. Sie hätte so gerne das Licht des Rotkehlchens gesehen. Du erzählst ihr, dass es nicht wichtig sei, das Seelenlicht zu sehen. Du hättest es auch nicht sehen können, ihr beide wüsstet jedoch, dass es existierte. »Manche können das Licht sehen, manche spüren es und anderen wiederum erscheint es in den Träumen, an die sie sich manchmal am nächsten Morgen nicht mehr erinnern können.« Beruhigt legt sich das Mädchen schlafen und freut sich darauf, dem Licht des Rotkehlchens vielleicht im Traum zu begegnen.

Du dankst im abendlichen Zwiegespräch mit dem Engel des Trostes in dir für seine Unterstützung. Du hast die richtigen Worte gefunden und dazu beigetragen, dass die Kinder die Erfahrung des Sterbens als einen Teil des Lebens verstehen. Sie konnten die heilige und alles liebende Energie wahrnehmen, die jedem Sterben in den letzten Atemzügen beiwohnt. Das Erlebnis hat keine Wunden hinterlassen. Die Kinder leben noch sehr im Augenblick und morgen ist bereits ein neuer Tag. Ein Tag, an dem sie das umfangreiche Leben in ihrer Fröhlichkeit wieder neu entdecken werden und das Sterben und der Tod ein gesegneter Teil davon sind.

Der Engel der Weisheit

*Ich öffne mich der zeitlosen Weisheit meines Herzens.
In mir liegt der allwissende, göttliche Teil meiner
   Selbst.
Jeden Tag bejahe ich meine lichtvolle, universelle
   Weisheit.*

Stets gab es weise Frauen und Männer auf dem Planeten Erde – Menschen, die sich über das Wissen des Verstandes erhoben und die göttliche Weisheit in die Welt und unter die Menschen brachten. Das zeitlose Wissen der Wahrheit kehrte immer wieder und bewirkte Verständnis für die Ohren, die bereit waren zu hören. Grenzen des Denkens wurden überschritten und neue Bewusstseinsfelder öffneten sich.

Heute ist dieses Wissen mehr denn je allen Menschen zugänglich. Wahre Botschaften gehen über die Barrieren des Verstandes hinaus. Sie durchdringen das Konzept deines Denkens und öffnen die Tore der göttlichen Weisheit innerhalb deines Seins. Das äußere Wissen des Verstandes wird zu einem Impuls in deiner inneren Welt. Es ruft Erinnerungen wach, etwas Bekanntes, Vertrautes, schon immer Gewusstes, und berührt die tiefsten Bereiche deiner Seele. Öffne dich wieder dem ewigen Echo deiner göttlichen Weisheit. Horche in dich hinein, denn du bist bereit. Alle not-wendigen Antworten fließen mit Leichtigkeit in den gegenwärtigen Augenblick. Allein die Erwartung oder ein Wollen unterbrechen den Fluss und gelegentlich verzögern sich die wahren Erkenntnisse im Rahmen der Zeit. So übe dich in Geduld und in einfachem Geschehenlassen. Hab Vertrauen: Die ewige Weisheit des Geistes ist in dir und offenbart sich zu gegebener Zeit. Lege dein Leben in die Hände des Einen Bewusstseins. Die Weisheit des Herzens bist immer du.

Engel-Meditation

Ruhig und gelassen atme ich ein und aus.
Sobald ich bereit dazu bin, öffne ich das Tor zu meinem Herzen.
Mit Achtsamkeit und stiller Freude betrete ich meinen heiligen Raum
und nehme ihn mit all meinen Sinnen wahr.

Ich sehe …, höre …, rieche … und fühle in meinen Raum hinein
und weiß mit tiefster Gewissheit:
In meinem innersten Heiligtum ist alles bereits vorhanden.
Alles, was ich zu erfahren bereit bin.

In der Mitte formt sich langsam eine strahlende Gestalt,
der allwissende, göttliche Teil meiner Selbst.
Ich übermittle in voller Klarheit die Frage, die mir am Herzen liegt,
und lausche still und entspannt der Antwort meiner innersten Weisheit.

Ich danke für die wertvolle Erfahrung und verlasse meinen Raum des Herzens
in dem Wissen, jederzeit dorthin zurückkehren zu können.
Die Antwort ist in meinem ewigen Bewusstsein präsent,
und ich integriere die erhaltene Botschaft freudvoll in meinen Alltag.

ALLTAG MIT DEM ENGEL DER WEISHEIT

Imaginationsübung: Eine mögliche Realität

Stell dir vor, dein Wissensdurst hat dich von Vortrag zu Vortrag und von Seminar zu Seminar geführt. Eines Tages wird dir bewusst, dass auch die Wissenssuche eine Art von Sucht darstellen kann. Wie das Wort »Sucht« in der Weisheit der Sprache bereits vermittelt, handelt es sich um eine ständige »Suche«, die Suche nach sich selbst. Die Seminare und Vorträge waren sehr wertvoll und zu der jeweiligen Zeit auch für dich notwendig und stimmig. Doch jetzt ist ein Punkt erreicht, an dem du dich mehr und mehr nach innen wendest. Andere Menschen können dir weiterhin wertvolle Impulse und Denkanstöße geben, einzig der Schwerpunkt hat sich in dein Innerstes verlagert. Der Engel der Weisheit begleitet dich in dieser Zeit der Veränderung und Umstellung. Wissen ist ein Aspekt des Verstandes und an Zeit gebunden, die Weisheit jedoch erhebt sich über die Dualität von Zeit und Raum. Sie erkennt die Zusammenhänge aus ganzheitlicher Sicht und schafft urteilsfreie Möglichkeiten von allumfassenden Lösungen und Heilungen.

Im Moment befindest du dich in einer unangenehmen Situation. An deinem Arbeitsplatz, an einer Schule für behinderte Kinder, haben sich zwischen einigen Angestellten und Vorgesetzten Machtspiele ausgebreitet. Zuerst nur ganz subtil wahrnehmbar erreichen sie nun eine Größe, die das Arbeitsklima stark negativ beeinflusst. Die meist sehr sensiblen Kinder nehmen diese feindlich gestimmte Atmosphäre wahr und reagieren auf rebellische Weise, manchmal auch mit Rückzug und Traurigkeit. Für das Wochenende ist nun ein klärendes Meeting angesetzt, zu dem auch du eine Einladung erhalten hast.

Abends, nach getaner Arbeit, ziehst du dich zurück. In der Stille bittest du den Engel der Weisheit um Erkenntnis und Einsicht im Hinblick auf das Treffen am Wochenende. Vor dir baut sich das Szenario deines Arbeitsfeldes auf. Die Opfer- und Täterrollen sind scheinbar eindeutig verteilt. Du selber fühlst dich als Opfer. Sogleich begibst du dich mit deinen Gedanken in das Zentrum deines Herzens, um die reine Wahrheit zu erleben, wie sie sich als Wirklichkeit ohne subjektive Deutung zeigt. Du bittest den Engel der Weisheit um Unterstützung und wartest ab, was geschieht. Teilweise tauchen Bilder in dir auf, teilweise offenbart sich eine Gewissheit über das, was ist. Du siehst dich als Opfer, andererseits kannst du wahrnehmen, wie Kollegen dich als Täter oder Schuldigen wahrnehmen, und umgekehrt. Zudem erkennst du in dir einen kleinen Teil, der scheinbar nicht vergeben kann. Klarheit stellt sich ein: Solange dieser Aspekt in dir ist, wirst du von Zeit zu Zeit derartige Erlebnisse an dich ziehen.

Du dankst dem Engel der Weisheit aus ganzem Herzen für die Klärung und bittest um Heilung des unversöhnlichen Aspektes. Du akzeptierst diesen Anteil und umarmst ihn in und mit deinem heilenden Herzen. Dir ist bewusst, dass der Heilungsprozess einige Tage oder auch Wochen dauern kann. Dankbar legst du den Prozess in die Hände Gottes, in dem Wissen, deinen Teil zu einem gelungenen Gespräch am kommenden Wochenende beigetragen zu haben. Wie immer sich das Meeting entwickeln wird, du wirst dich in dein weises Herz begeben, um wertfrei daran teilnehmen zu können.

Der Engel der Wunder

Ich bin das Wunder meines erfüllten Lebens.
Ich empfange stets die wundervollsten Gaben.
Gesundheit, Wohlstand und Glück sind mein
  göttliches Erbe.

Glauben Menschen noch an die kleinen und großen Wunder dieser Welt? Erwachsene haben diese gewinnbringende Fähigkeit meist unter den schweren Teppich ihrer Aufgaben und Pflichten gekehrt. Jedoch die Kinder! Das sind die wahren Zauberer eines wundervollen Lebens. Mit staunenden Augen blicken sie in ihre Welt und erforschen die Wunder der Materie. Die Vielfältigkeit des Schöpfers strahlt ihnen aus jeder Form entgegen. Noch tief verbunden mit den Quellen der universellen Kraft erkennen sie unbewusst, wie der Geist der Allgegenwart alles Leben und alle Form durchdringt und erhält. Wunder stehen für alle Menschen bereit, sofern sie ihren Geist dafür öffnen und vertrauensvoll daran glauben können. Im ganzen Universum drängt alle Form zum Ausdruck höchster Vollkommenheit in göttlicher Ordnung und Harmonie. Ein autonomer Prozess, der sich auf allen Ebenen der Existenz offenbart. In gleichem Maße drängt der Seelengrund des Menschen zu vollkommenem, göttlichem Gewahrsein seiner wundervollen Wirklichkeit. Das ausschließlich Gute steht jederzeit bereit, im Leben jedes Einzelnen Einlass zu finden. Auch für dich! Öffne dich dem Segen deiner Vergangenheit und Gegenwart. Tag für Tag bejahe die allgegenwärtigen Wunder und bejahe das Beste für dein Leben. Nimm es mit geöffneten Armen und dankbarem Herzen an. Mach dir bewusst: Du bist ein Kind des Schöpfers, Gesundheit, Wohlstand und Glück sind dein göttliches Erbe. Der Segen strömt aus allen Winkeln des Seins in dein Leben. Empfange die täglichen Wunder und erfreue dich an ihren lebensbejahenden, positiven Auswirkungen.

Engel-Meditation

*Auf dem Pfad meiner göttlichen Wunder sehe ich mich
als Teil des sich unerschöpflich entwickelnden Weltalls.
Sonnen, Monde, Planeten, Universen und Galaxien
   entstehen
und entschwinden sogleich wieder aus meinem Blickfeld.
Ich erahne einen Bruchteil des unbeschreiblichen Wunders
   göttlicher Schöpfungskraft.*

*Langsam wandeln sich diese Himmelskörper zu Myriaden
   leuchtender Sterne.
Der Engel der Wunder erscheint und überbringt mir eine
   persönliche Botschaft:
»Die Sterne sind all die segensreichen Samen, die du in
   Vergangenheit und Gegenwart sätest.
Nimm sie an, sie sind reif zur Ernte und bringen Wunder,
   Glück und Segen in dein Leben.«*

*Mit Freude öffne ich meine Arme und spüre die Energie
   der Sterne in mich fließen.
Ich bin unendliche Fülle, grenzenlose Gesundheit und
   strahlendes Glück.
Die Wunder der immerwährenden Schöpfung
   manifestieren sich jetzt!
Ich glaube an meine Wunder und deren bestmögliche
   Erfüllung in meinem Leben.*

*Langsam verblassen die Bilder, doch das sichere Gefühl der
göttlichen Wunder bleibt.
Mit Dankbarkeit und Glückseligkeit in meinem Herzen
kehre ich in das Jetzt zurück.
Wunder sind Teil meines Seins und entfalten sich jetzt.
Ich danke für die vielen Wunder meines Lebens.*

 ALLTAG MIT DEM ENGEL DER WUNDER

Imaginationsübung: Eine mögliche Realität

Stell dir vor, du hast Urlaub und machst es dir zu Hause gemütlich. Vor einiger Zeit batest du den Engel der Wunder in dein Leben. Die kleinen und größeren Wunder hatten sich auch prompt eingestellt, nachdem du bereit warst, sie zu empfangen. Im Augenblick sitzt du auf deiner Couch, den Brief eines guten Freundes in der Hand. Ein Zeugnis eines Wunders, das kaum in Worte zu fassen ist. Noch einmal vertiefst du dich in die bewegenden Zeilen:

»… ich hatte mich verändert, war voller Tatendrang und Neugier, was das Leben mir als Nächstes brachte. Zum ersten Mal lebte ich wirklich ohne Wenn und Aber. Ich war noch so jung und hatte noch viel vor. Und dann? Ich fuhr mit geöffnetem Fenster eine Straße entlang. Blauer Himmel, flimmernde Wärme, es roch nach Sommer. Ein weißer Mercedes kam von rechts, ein wuchtiger Stoß und mein Auto überschlug sich. Die Zeit war aufgehoben. Alles geschah gleichzeitig, real und doch zeitlich verschoben. Zum einen saß ich im Auto und rief: Warum? Zum anderen beobachtete ich die Szene in Zeitlupe wie ein Zuschauer außerhalb von mir. Ich empfand Verwunderung, Geborgenheit, tiefe Ruhe und Zeitlosigkeit. Als hätte sich ein Fenster geöffnet, durch das ich aus dem Leben stieg. Der Aufprall auf dem Dach, hart und weich zugleich, holte mich zurück. Durch das Autofenster robbte ich ins Freie. Ein Passant beruhigte mich und sprach ermutigend auf mich ein. Obwohl sich die Beine während des Rettungsfluges nicht bewegt hatten, wusste ich, ich bin gesund! Nach zwei Stunden Krankenhausaufenthalt trat ich auf etwas unsicheren Beinen mit nur leichten Schürfwunden, einer Halskrause und dem Bewusstsein eines Auto-Totalschadens erneut in den sonnigen Sommertag hinaus. Das Blau war noch blauer geworden und wie wundervoll lebendig alles war. Das Leben hatte mich wieder. Ich bin immer noch jung und habe immer noch viel vor. Doch etwas hat sich verändert. Staunend, noch kaum glaubend und doch voller Gewissheit erkenne ich: Das Leben ist ein Wunder, begleitet und durchdrungen von einer liebevollen, allumfassenden und schützenden Kraft ...«

Im selben Augenblick spürst du die Heiligkeit und Erhabenheit, für die diese Zeilen Zeugnis ablegen. Das Licht des ewigen Lebens tritt sanft hervor und zeigt dir die segensreichen Wege der Wunder, die dem Verstand verborgen bleiben. Du dankst dem Engel der Wunder mit der Liebe deiner Seele und erfährst dich beschützt und geborgen in den Händen Gottes.

Die Dankesbotschaft der Engel

Als Vermittler und Helfer danken wir dir, liebe Leserin, lieber Leser, für unser bewusstes Zusammen-Sein. Du hast einen Teil dessen erfahren, wer, was und wo wir sind. Als Mensch ist dir dein eigener Wille gegeben worden, so liegt es in deiner Hand, ob du Hilfe erhalten möchtest und wie viel du davon zulässt. Sobald du deine Absicht dazu äußerst, unterstützen wir dich tatkräftig, als ein Teil deines Selbst.

Manchmal mögen es kleine, sehr leise Hilfestellungen sein, die der beschäftigte, menschliche Geist durchaus übersehen kann. Sie sind so vielfältiger, ideenreicher Natur, wie unzählige Wassertropfen im Meer existieren. Vielleicht hörst du ein Lied im Radio und der Text enthält genau deine Antwort. Oder du führst ein Gespräch mit einem Nachbarn und erhältst exakt die Information, die du für deinen nächsten Schritt benötigst. Es mag auch sein, dass du während eines Spaziergangs in tiefer Berührung mit den Naturkräften gelangst und sich dir deine Antwort aus den Gesetzen der Natur offenbart. Und so weiter, und so fort. Die Hilfen sind sehr vielseitig und kommen meist auf völlig anderem Wege zu dir, als du dies erwarten würdest.

Sei dir jedoch immer gewiss: Sobald du uns mit reinem Herzen um eine Lösung bittest, mit der Konzentration auf deine weise Führung in dir, wirst du wegweisende Antworten erhalten. Der Wille des Schöpfers bleibt stets gewahrt. Entscheidest du dich zu einer Erfahrung, die dein Verstand womöglich als negativ bewertet, hast du dir dieses Erlebnis bewusst oder unbewusst selbst verordnet. Mit Vertrauen zu den allumfassenden Kräften des Einen und der entsprechenden Bitte um Hilfe kannst du deine Lernaufgabe sehr schnell erkennen. Deine Seele erfährt Wachstum und Reife und der Meister in dir spricht voller Freude und Neugier: »Danke, das habe ich verstanden. Was für eine bereichernde und erweiternde Erfahrung kreiere ich jetzt? Ich freue mich darauf, denn ich weiß: Ich bin Bewusstsein.«

All deine Gebete und Gespräche mit der alles vereinenden Kraft werden gehört und wahrgenommen. Nichts geht in der Unendlichkeit der Schöpfung verloren. Möge der Segen der göttlichen ICH-BIN-Gegenwart stets mit dir sein und mögest du jeden Augenblick dein Leben als Meister in Liebe, Heiterkeit und großem Vertrauen zu deinem SELBST gestalten.

Wir danken dir aus tiefstem Herzen für dein Da-Sein.

Ausklang – Engel, die Freunde Ihres Lebens

Zeit mit Engeln zu verbringen bedeutet, sich mit sich selbst oder auch seinem wahren Selbst zu beschäftigen. Immer tiefer dringen wir in das Mysterium des Lebens ein und speisen Stück für Stück vom göttlichen Baum der Erkenntnis. Wir erfüllen unser zeitlich unbegrenztes Lebenswerk, zu dessen Zweck wir viele erfahrungsreiche Inkarnationen gewählt haben.

Erfreuen Sie sich an den Entdeckungen Ihrer vielschichtigen Innen- und Außenwelt und zögern Sie keinen noch so geringen Augenblick, Sie selbst zu sein! Die moderne Zeitqualität ermöglicht jedem in Leichtigkeit den Zugang zu wertvollem Wissen und gelebter Weisheit. Nutzen Sie die relative Freiheit, die der Gesellschaft zur Verfügung steht, um die wahre Freiheit in Ihrem Inneren zu erfahren. Mögen die Engel, die Freunde Ihres Lebens, Sie auf Ihrer Entdeckungsreise durch die Leben aller Zeiten begleiten und Ihnen die Einsichten und Erkenntnisse, Lernschritte und Prozesse liebevoll beleuchten, erhellen und erleichtern. Dies wünscht Ihnen aus freudvollem Herzen, in liebevoller Verbundenheit

Ihr Kurt Tepperwein

Der Mensch wird also in dem Maße dem Engel gleich,
in dem er im Erkennen lernt.
Der von den irdischen Existenzbedingungen befreite
*   Mensch*
erkennt im Engel gleichsam sich selbst in seinem
*   Idealzustand.*

Thomas von Aquin, 1225–1274

LESERSERVICE

Kurt Tepperwein persönlich
oder in einem Heimseminar erleben!

Wünschen Sie tiefer in das Thema dieses Buches
einzusteigen, dann empfehlen wir Ihnen die folgende
Chance zu nutzen *(Gewünschtes bitte ankreuzen!)*:

Seminare/Ausbildung

❏ Motivationsseminare mit verschiedenen Themen (Tagesseminare)
❏ Ausbildung zum Dipl. Lebensberater/in

Ausbildungen mit Felix Aeschbacher
(Lehrbeauftragter von Kurt Tepperwein):

❏ Dipl. Mental-Trainer/in
❏ Dipl. Bewusstseins-Trainer/in
❏ Dipl. Intuitions-Trainer/in
❏ Dipl. Seminarleiter/in
❏ Meditations-Trainer/in (Zertifikat)

Heimstudienlehrgänge

- ❏ Einführungslehrgang »Die 7 Schritte zur Erfolgspersönlichkeit«
- ❏ Dipl. Lebensberater/in
- ❏ Dipl. Mental-Trainer/in
- ❏ Dipl. Intuitions-Trainer/in
- ❏ Dipl. Seminar-Leiter/in
- ❏ Dipl. Erfolgs-Coach/in
- ❏ Dipl. Gesundheits- und Ernährungs-Berater/in
- ❏ Dipl. Partnerschafts-Mentor/in

Gesamtprogramme

- ❏ Gesamtseminar- und Ausbildungsprogramm IAW
- ❏ Neuheiten der Bücher, CD- und DVD-Programme von Kurt Tepperwein
- ❏ Gesundheitsprodukte-Programm

Dazu ein persönliches Geschenk

- ❏ Die 20-seitige Broschüre »Praktisches Wissen kurz gefasst« von Kurt Tepperwein

Sie erhalten Ihre gewünschten Informationen selbstverständlich kostenlos und unverbindlich bei

Internationale Akademie der Wissenschaften (IAW)
St. Markusgasse 11. FL-9490 Vaduz.
Tel. 00423 233 12 12 – Fax 00423 233 12 14
Deutschland Tel. + Fax 0911 69 92 47
(Beratungssekretariat)

E-Mail: go@iadw.com – Internet: www.iadw.com